3 児童会《じどうかい》の選挙《せんきょ》がある。

選 セン えらぶ

挙 キョ あげる あがる

□《きょ》式《しき》の会場《かいじょう》を□《えら》ぶ。

代表《だいひょう》□《せん》手《しゅ》を□《えら》ぶ。

□《きょ》手《しゅ》した人《ひと》から委員《いいん》を□《えら》ぶ。

予《よ》□《せん》を通過《つうか》した。

例《れい》を□《あ》げる。

児童会《じどうかい》の□《せん》□《きょ》がある。

月　日

点／10点

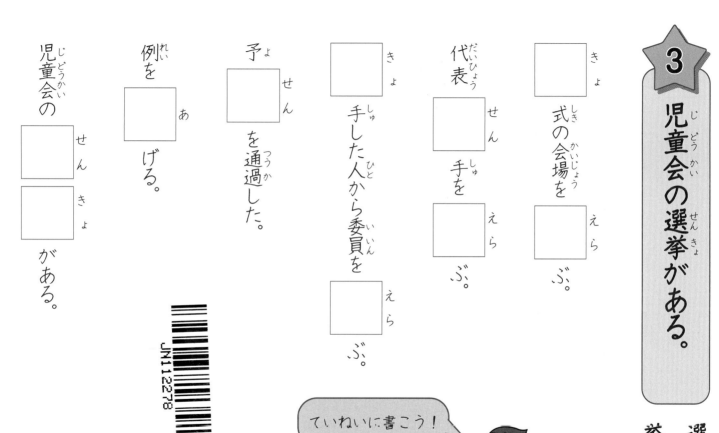

4 観《かん》察《さつ》・実《じっ》験《けん》が好《す》き。

観 カン
察 サツ

トキの□《かん》□《さつ》をテレビで見《み》た。

□《かん》光《こう》地《ち》の人《ひと》の流《なが》れを考《こう》□《さつ》する。

外《がい》□《かん》から心《こころ》の動《うご》きを□《さっ》知《ち》する。

プロ野《や》球《きゅう》の□《かん》客《きゃく》席《せき》は満《まん》員《いん》だ。

植《しょく》物《ぶつ》の観《かん》□《さつ》記《き》録《ろく》を書《か》く。

□《かん》□《さつ》・実《じっ》験《けん》が好《す》き。

月　　日

点／10点

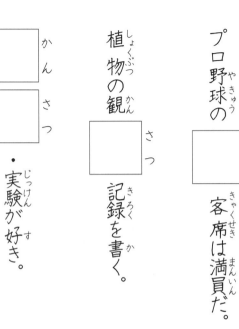

1 半径《はんけい》と円周《えんしゅう》の関係《かんけい》。

径 ケイ

周 シュウ まわり

円《えん》□《しゅう》十《じゅう》メートルの円《えん》の直《ちょっ》□《けい》を測《はか》る。

九《きゅう》ミリ口《こう》□《けい》のピストルに□《まわ》りが気《き》づいた。

半《はん》□《けい》の二倍《にばい》が直《ちょっ》□《けい》の長《なが》さになる。

ヨーロッパを□《しゅう》遊《ゆう》する。

開店三《かいてんさん》□《しゅう》年《ねん》の記念《きねん》セール。

半《はん》□《けい》と円《えん》□《しゅう》の関係《かんけい》。

月　　日

点／10点

2 新《あたら》しい機械《きかい》ができた。

機 キ
械 カイ

器《き》□《かい》体《たい》そうで優勝《ゆうしょう》の□《き》会《かい》。

飛行《ひこう》□《き》で□《き》材《ざい》を運《はこ》ぶ。

□《き》□《かい》的《てき》な動《うご》きをする芸能人《げいのうじん》。

□《き》転《てん》がきく人《ひと》。

とび箱《ばこ》は器《き》□《かい》体《たい》そうだ。

新《あたら》しい□《き》□《かい》ができた。

月　　日

点／10点

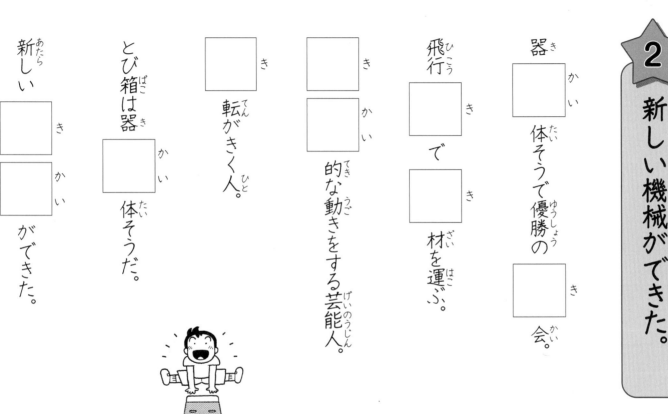

5 関連《かんれん》づけて考《かんが》える。

関
カン
せき
かかわる

連
レン
つらねる
つれる

大《おお》□《ぜき》は□《れん》勝《しょう》を重《かさ》ねた。

□《かん》西国際空港《さいこくさいくうこう》は□《れん》日《じつ》のにぎわい。

それに□《かか》わる人《ひと》が名《な》を□《つら》ねる。

犬《いぬ》を□《つ》れて散歩《さんぽ》する。

□《せき》取《とり》は足《あし》の関節《かんせつ》をいためた。

□《かん》□《れん》づけて考《かんが》える。

月　　日

点／10点

6 希《き》望《ぼう》を持《も》ち勉《べん》強《きょう》する。

希 キ

望 ボウ のぞむ

兄《あに》は□《き》□《ぼう》を父《ちち》に語《かた》った。

待《たい》□《ぼう》の□《き》少《しょう》動《どう》物《ぶつ》の産《さん》卵《らん》。

みんなの□《き》□《ぼう》がかなう世《せ》界《かい》。

□《のぞ》みがかなうといいな。

自《じ》由《ゆう》と平《へい》和《わ》を□《き》求《きゅう》する。

□《き》□《ぼう》を持《も》ち勉《べん》強《きょう》する。

月　　日

点／10点

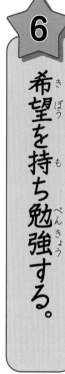

7 果実《かじつ》の栄養《えいよう》を調《しら》べる。

栄 エイ さかえる
養 ヨウ やしなう

工業《こうぎょう》で□《さか》えた国《くに》で子《こ》を□《やしな》う。

部下《ぶか》を□《よう》成《せい》して□《えい》進《しん》した。

□《えい》□《よう》をおぎない体力《たいりょく》を養《やしな》う。

豆《まめ》の□《よう》分《ぶん》を取《と》り出《だ》した。

客《きゃく》が増《ふ》え、商店街《しょうてんがい》が□《さか》える。

果実《かじつ》の□《えい》□《よう》を調《しら》べる。

月　　日

点／10点

8 菜《な》種《たね》油《あぶら》で料理《りょうり》する。

菜 サイ な

種 シュ たね

野《や》□《さい》から□《たね》を取《と》る。

青《あお》□《な》の品《ひん》□《しゅ》を改良《かいりょう》した。

□《さい》園《えん》に□《たね》まきをした。

季節《きせつ》の野《や》□《さい》を楽《たの》しむ。

□《しゅ》子《し》をまいて発芽実験《はつがじっけん》。

□《な》□《たね》油《あぶら》で料理《りょうり》する。

月　　日

点／10点

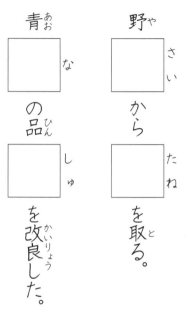

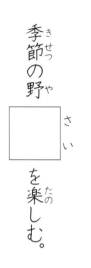

9

受《じゅ》験《けん》まで試《し》練《れん》が続《つづ》く。

□《し》□《けん》問題《もんだい》をゆっくり読《よ》む。

スーパーの□《し》食《しょく》を体《たい》□《けん》。

新《あたら》しい実《じっ》□《けん》を□《こころ》みる。

理《り》科《か》実《じっ》□《けん》は楽《たの》しい。

□《し》合《あい》の当日《とうじつ》は雨天《うてん》だった。

受《じゅ》□《けん》まで□《し》練《れん》が続《つづ》く。

験 ケン

試 シ　こころみる

月　日

点／10点

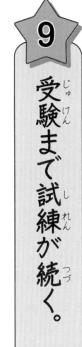

10 学級《がっきゅう》通信《つうしん》を印刷《いんさつ》する。

印　イン　しるし

刷　サツ　する

山《やま》の写真《しゃしん》を□《いん》□《さつ》する。

新《あたら》しい□《いん》□《さつ》機《き》で刷《す》る。

色《いろ》□《ず》りの方《ほう》が□《いん》象《しょう》に残《のこ》る。

大事《だいじ》な課題《かだい》に□《しるし》をつける。

ポスターの試《ため》し□《ず》りをする。

学級《がっきゅう》通信《つうしん》を□《いん》□《さつ》する。

わからないときは、右下の漢字の読み方をたしかめよう。

月　　日

点／10点

11 父母《ふぼ》は健康《けんこう》です。

健　ケン
康　コウ

市《し》は□《けん》□《こう》相談《そうだん》を開《ひら》く。

保健室《ほけんしつ》で□《けん》□《こう》しん断《だん》。

□《けん》□《こう》な日々《ひび》を送《おく》る。

おじいさんは小《しょう》□《こう》状態《じょうたい》。

青少年《せいしょうねん》の□《けん》全育成《ぜんいくせい》。

父母《ふぼ》は□《けん》□《こう》です。

月　　日

点／10点

おうちの方へ

「健康」「熱帯」など目に見えない事物を表す言葉が多くなります。
わからない言葉は国語辞典で調べましょう。

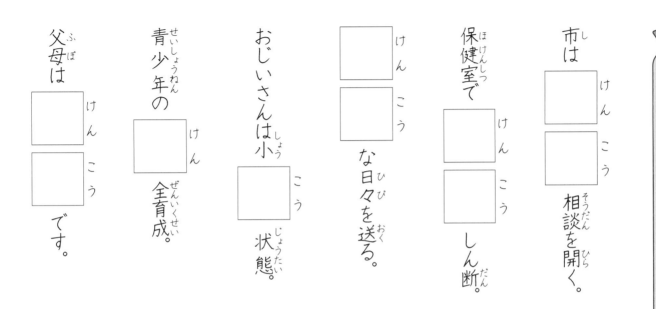

12

熱《ねっ》帯《たい》地《ち》方《ほう》の森《しん》林《りん》調《ちょう》査《さ》。

熱 ネツ　あつい

帯 タイ　おびる　おび

選挙戦《せんきょせん》が□《ねっ》を□《お》びてきた。

本《ほん》の□《おび》を□《ねっ》心《しん》に見《み》ている。

湯《ゆ》が□《あつ》くて体《からだ》が赤《あか》みを□《お》びる。

先生《せんせい》は□《ねっ》心《しん》に教《おし》えてくれる。

着物《きもの》に□《おび》を結《むす》ぶ。

□《ねっ》□《たい》地《ち》方《ほう》の森林《しんりん》調《ちょう》査《さ》。

月　　日

点／10点

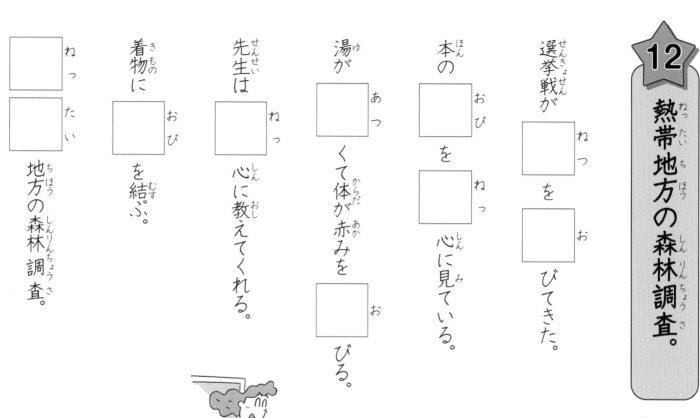

13 軍《ぐん》隊《たい》は兵《へい》士《し》の集《しゅう》団《だん》。

軍 グン
隊 タイ

兵《へい》□《たい》は□《ぐん》歌《か》を歌《うた》っていた。

音楽《おんがい》□《たい》の□《たい》員《いん》は二十人《にじゅうにん》。

海《かい》□《ぐん》、空《くう》□《ぐん》などは持《も》てない。

□《ぐん》手《て》をはめて作業《さぎょう》する。

こ笛《てき》□《たい》に入《はい》りたい。

□《ぐん》□《たい》は兵《へい》士《し》の集《しゅう》団《だん》。

月　　日

点／10点

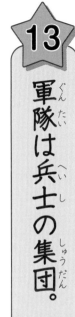

14 本《ほん》を種《しゅ》類《るい》別《べつ》に分《わ》ける。

類 ルイ たぐい

別 ベツ わかれる

小麦粉《こむぎこ》を□《るい》□《べつ》する。

親《しん》□《るい》の人《ひと》だと思《おも》ったが□《べつ》人《じん》だった。

□《べっ》冊《さっ》ふろくを分《ぶん》□《るい》する。

友達《ともだち》と□《わか》れる。

□《たぐ》いまれな才能《さいのう》にめぐまれる。

本《ほん》を種《しゅ》□《るい》□《べつ》に分《わ》ける。

月　　日

点／10点

15 飛《ひ》行《こう》機《き》の車《しゃ》輪《りん》は大《おお》きい。

飛 ヒ とぶ

輪 リン わ

トンビが□《わ》をえがいて□《と》んでいる。

□《ひ》行機《こうき》が五《ご》□《りん》のマークをえがく。

上空《じょうくう》を□《ひ》行船《こうせん》が□《と》んでいる。

にんじんを□《わ》切《ぎ》りにする。

クラスで□《りん》唱《しょう》をする。

□《ひ》行機《こうき》の車《しゃ》□《りん》は大《おお》きい。

月　　日

点／10点

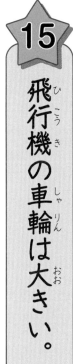

16 例《れい》を挙《あ》げて話《はな》す。

挙
キョ
あげる
あがる

治
ジ
チ
おさめる
おさまる
なおす
なおる

□《なお》ったうでで□《きょ》手《しゅ》する。

女王《じょおう》による統《とう》□《ち》をもろ手《て》を□《あ》げて喜《よろこ》ぶ。

湯《とう》□《じ》で日々《ひび》のつかれをいやす。

□《ち》安《あん》を守《まも》った快《かい》□《きょ》。

全力《ぜんりょく》を□《あ》げて将軍《しょうぐん》が国《くに》を□《おさ》めた。

例《れい》を□《あ》げて話《はな》す。

月　　日

点／10点

17

面《めん》積《せき》を求《もと》める式《しき》。

積　セキ　つむ

求　キュウ　もとめる

□《つ》み上《あ》げた石《いし》の数《かず》を□《もと》める。

□《きゅう》人《じん》広《こう》告《こく》を□《せっ》極《きょく》的《てき》に見《み》る。

□《せき》雪《せつ》のため、助《たす》けを□《もと》める。

みんなが要《よう》□《きゅう》を出《だ》し合《あ》った。

円《えん》にも面《めん》□《せき》があるようだ。

面《めん》□《せき》を□《もと》める式《しき》。

月　日

点／10点

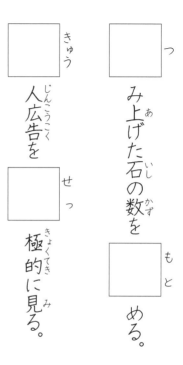

18 母《はは》の愛《あい》用《よう》の手《て》鏡《かがみ》。

愛 アイ

鏡 キョウ かがみ

兄《あに》の□《あい》犬《けん》は□《かがみ》を見《み》るのが好《す》き。

□《あい》用《よう》の望遠《ぼうえん》□《きょう》で星《ほし》を見《み》る。

古《ふる》い望遠《ぼうえん》□《きょう》だが□《あい》着《ちゃく》がある。

けんび□《きょう》で花粉《かふん》を見《み》る。

父母《ふぼ》に□《あい》されている。

母《はは》の□《あい》用《よう》の手《て》□《かがみ》。

月　　日

点／10点

19 長老《ちょうろう》が名案《めいあん》を出《だ》した。

老 ロウ おいる
案 アン

□《ろう》人《じん》の病気《びょうき》を□《あん》じる。

年《とし》□《お》いた人《ひと》を席《せき》に□《あん》内《ない》する。

□《あん》外《がい》、元気《げんき》な□《ろう》人《じん》が多《おお》い。

□《ろう》若男女《にゃくなんにょ》が集《あつ》まる。

新《あたら》しい図《ず》□《あん》を考《かんが》える。

長《ちょう》□《ろう》が名《めい》□《あん》を出《だ》した。

月　日

点／10点

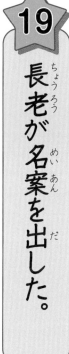

20 水《みず》以《い》外《がい》は加《くわ》えない。

以 イ

加 カ くわえる

百《ひゃく》人《にん》□《い》上《じょう》参《さん》□《か》した。

追《つい》□《か》注《ちゅう》文《もん》は二《ふた》つ□《い》内《ない》です。

塩《しお》を□《くわ》えるのは五《ご》グラム□《い》下《か》。

木《き》を□《か》工《こう》していすを作《つく》る。

四《よ》時《じ》□《い》前《ぜん》においでください。

水《みず》□《い》外《がい》は□《くわ》えない。

月　日

点／10点

21 給食《きゅうしょく》の白衣《はくい》をあらう。

給 キュウ
衣 イ

車《くるま》への□《きゅう》油《ゆ》は作業《さぎょう》□《い》を着《き》る。

□《きゅう》料日《りょうび》に□《い》類《るい》を買《か》おう。

□《い》服《ふく》が配《はい》□《きゅう》の時代《じだい》があった。

□《い》食《しょく》住《じゅう》は生活《せいかつ》の基本《きほん》。

日照《ひで》りの時《とき》、□《きゅう》水車《すいしゃ》が来《き》た。

□《きゅう》食《しょく》の白《はく》□《い》をあらう。

月　日

点／10点

22

体積《たいせき》の単位《たんい》を勉強《べんきょう》する。

単 タン

位 イ くらい

□《たん》車《しゃ》のレースで一《いち》□《い》になった。

□《たん》語《ご》テストの順《じゅん》□《い》が上《あ》がる。

□《たん》調《ちょう》な走《はし》りで首《しゅ》□《い》をいく走者《そうしゃ》。

数《かず》は四《よん》けたごとに□《くらい》が変《か》わる。

地方《ちほう》の電車《でんしゃ》は□《たん》線《せん》が多《おお》い。

体積《たいせき》の□《たん》□《い》を勉強《べんきょう》する。

月　　日

点／10点

23 英《えい》語《ご》の勉《べん》強《きょう》が好《す》き。

英 エイ

好 コウ このむ すく

大《だい》□《す》きな□《えい》語《ご》の歌《うた》を歌《うた》う。

□《えい》国《こく》と友《ゆう》□《こう》な関《かん》係《けい》を結《むす》ぶ。

□《えい》才《さい》は読《どく》書《しょ》を□《この》む。

□《えい》会《かい》話《わ》の勉《べん》強《きょう》は好《こう》調《ちょう》です。

食《た》べ物《もの》の□《この》みは十《じゅう》人《にん》十《と》色《いろ》。

□《えい》語《ご》の勉《べん》強《きょう》が□《す》き。

月　　日

点／10点

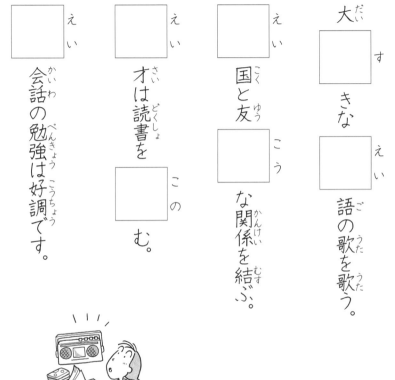

24 竹《たけ》の管《くだ》に塩《しお》水《みず》を通《とお》す。

管　カン　くだ
塩　エン　しお

試《し》験《けん》□《かん》に食《しょく》□《えん》を入《い》れる。

健《けん》康《こう》のため□《えん》分《ぶん》を□《かん》理《り》。

血《けっ》□《かん》に食《しょく》□《えん》水《すい》を注《ちゅう》射《しゃ》する。

指《し》定《てい》席《せき》で木《もっ》□《かん》楽《がっ》器《き》をきく。

□《しお》味《あじ》のきつい食《しょく》事《じ》。

竹《たけ》の□《くだ》に□《しお》水《みず》を通《とお》す。

月　　日

点／10点

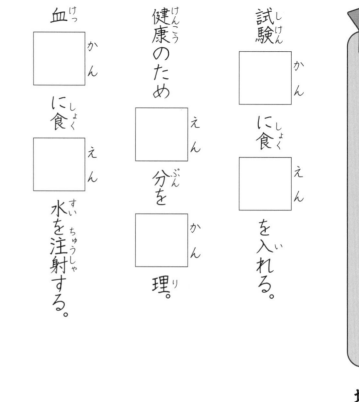

25 努力《どりょく》の成果《せいか》が現《あらわ》れた。

成 セイ なる

果 カ はたす はて ＊果物《くだもの》

□《せい》人《じん》の日《ひ》に約束《やくそく》を□《は》たす。

一年《いちねん》で□《か》実酒《じつしゅ》が完《かん》□《せい》。

青《せい》□《か》市場《いちば》で群《む》れを□《な》す人《ひと》。

□《くだもの》物が大好《だいす》きです。

運動会《うんどうかい》でつかれ□《は》てた。

努力《どりょく》の□《せい》□《か》が現《あらわ》れた。

月　日

点／10点

おうちの方へ

「果物」は二字で「くだもの」と読みます。「果」を「くだ」と読むわけではありません。p.30の「無」は読み方に注意。

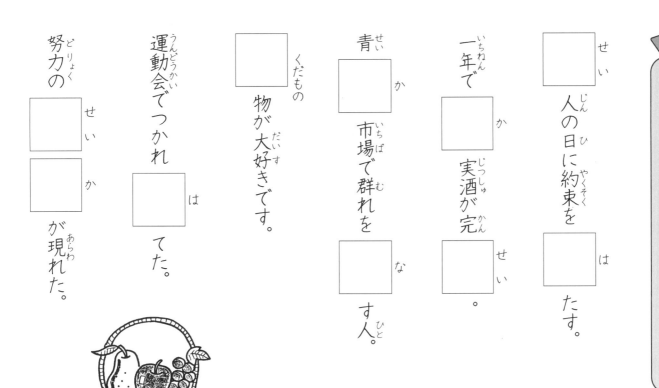

26 日光《にっこう》が新芽《しんめ》を照《て》らす。

芽 ガ め

照 ショウ てる てらす てれる

日《にっ》□《しょう》時間《じかん》が増《ま》すと発《はっ》□《が》する。

発《はっ》□《が》の様子《ようす》を□《しょう》明《めい》を当《あ》てて見《み》る。

イネとマメの□《め》生《ば》えを対《たい》□《しょう》する。

むだな□《しょう》明器具《めいきぐ》は消《け》しましょう。

人前《ひとまえ》での発表《はっぴょう》は□《て》れる。

日光《にっこう》が新《しん》□《め》を□《て》らす。

月　日

点／10点

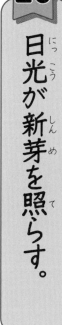

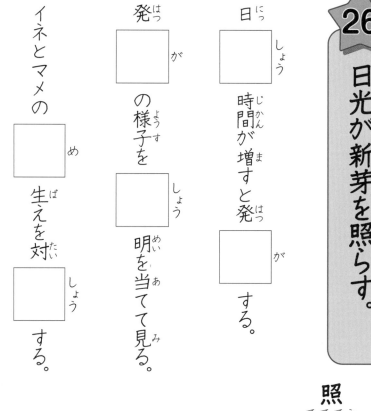

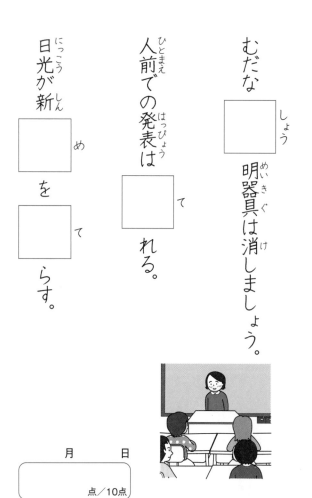

27 億《おく》兆《ちょう》の数《かず》の学習《がくしゅう》。

億 オク
兆 チョウ

一《いっ》□《ちょう》は一《いち》□《おく》の一万倍《いちまんばい》。

一《いち》□《おく》年《ねん》ぶりにふん火《か》の予《よ》□《ちょう》。

□《おく》万長者《まんちょうじゃ》が地震《じしん》の前《ぜん》□《ちょう》に気《き》づく。

十《じっ》□《ちょう》円《えん》の予算《よさん》が成立《せいりつ》した。

日本《にほん》の人口《じんこう》は、約一《やくいち》□《おく》二千万人《にせんまんにん》。

□《おく》□《ちょう》の数《かず》の学習《がくしゅう》。

月　　日

点／10点

28 貨《か》物《もつ》列《れっ》車《しゃ》の料《りょう》金《きん》改《かい》正《せい》。

貨 カ

改 カイ　あらためる　あらたまる

通《つう》□《か》のデザインを□《あらた》めた。

外《がい》□《か》売《ばい》買《ばい》の決《き》まりを□《あらた》める。

百《ひゃっ》□《か》店《てん》で金《きん》□《か》を買《か》う。

服《ふく》を□《あらた》めて、出《で》かける。

□《かい》札《さつ》口《ぐち》を通《とお》り駅《えき》に入《はい》る。

□《か》物《もつ》列《れっ》車《しゃ》の料《りょう》金《きん》□《かい》正《せい》。

月　日

点／10点

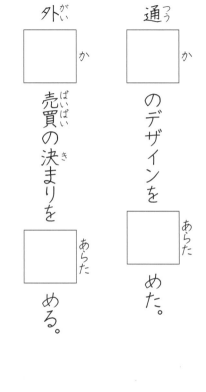

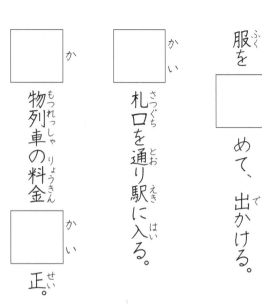

29 放《ほう》課《か》後《ご》合《がっ》唱《しょう》の練《れん》習《しゅう》。

課 カ

唱 ショウ　となえる

愛《あい》□《しょう》歌《か》を歌《うた》うのは日《にっ》□《か》だ。

□《か》外《がい》活《かつ》動《どう》で□《しょう》歌《か》を歌《うた》う。

合《がっ》□《しょう》の□《か》題《だい》曲《きょく》が決《き》まった。

平《へい》和《わ》を□《とな》える人々《ひとびと》の集《しゅう》会《かい》。

自《じ》分《ぶん》の□《か》題《だい》に取《と》り組《く》む。

放《ほう》□《か》後《ご》合《がっ》□《しょう》の練《れん》習《しゅう》。

月　　日

点／10点

30

無《ぶ》愛《あい》想《そう》でも害《がい》は無《な》い。

無　ム　ブ　ない

害　ガイ

公《こう》□《がい》に□《む》関《かん》心《しん》ではいられない。

あの人《ひと》とは利《り》□《がい》が□《な》い。

水《すい》□《がい》があったが□《ぶ》事《じ》だった。

□《がい》鳥《ちょう》はだれにとって害《がい》なの。

□《む》料《りょう》には気《き》をつけよう。

□《ぶ》愛《あい》想《そう》でも□《がい》は無《な》い。

月　　日

点／10点

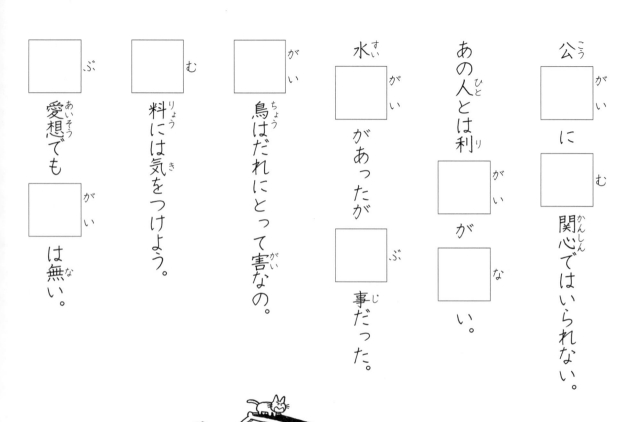

31 街《がい》灯《とう》が明《あか》るく照《て》らす。

街 ガイ まち

灯 トウ

商店《しょうてん》□《がい》の明《あか》るい電《でん》□《とう》。

□《まち》角《かど》に電《でん》□《とう》がついた。

□《がい》頭《とう》のネオンが点《てん》□《とう》した。

夏休《なつやす》みで静《しず》かな学生《がくせい》の□《まち》。

□《とう》台《だい》は遠《とお》くまで照《て》らす。

□《がい》□《とう》が明《あか》るく照《て》らす。

月　　日

点／10点

おうちの方へ

「街」には、「まち、大通り」という意味があります。町は町村の「まち」です。同じ「まち」でも意味が少し違いますね。

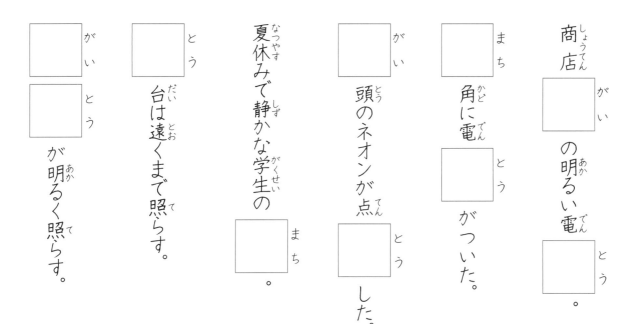

32 各国《かっこく》に古《ふる》い建造物《けんぞうぶつ》がある。

各 カク
建 ケン たてる

□《かく》選手《せんしゅ》が□《たて》物《もの》からグラウンドに出《で》てきた。

全国《ぜんこく》□《かく》地《ち》にお寺《てら》を□《た》てる。

□《けん》設中《せっちゅう》の□《たて》物《もの》が見《み》える。

□《かく》駅停車《えきていしゃ》の旅《たび》に出《で》る。

きっぷは□《かく》自《じ》で持《も》つ。

□《かっ》国《こく》に古《ふる》い□《けん》造物《ぞうぶつ》がある。

月　　日

点／10点

33 君《きみ》の味《み》覚《かく》は特《とく》に良《よ》い。

覚 カク おぼえる さます

特 トク

各地《かくち》の□《とく》産品《さんぴん》を□《おぼ》えた。

漢字《かんじ》の□《おぼ》え方《かた》の□《とく》集記事《しゅうきじ》。

□《とく》色《しょく》ある単語《たんご》を□《おぼ》えた。

寒《さむ》くて感《かん》□《かく》がにぶった。

早朝《そうちょう》に目《め》□《ざ》まし時計《どけい》が鳴《な》る。

君《きみ》の味《み》□《かく》は□《とく》に良《よ》い。

月　　日

点／10点

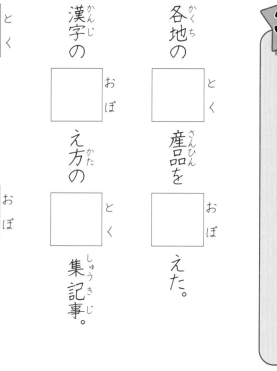

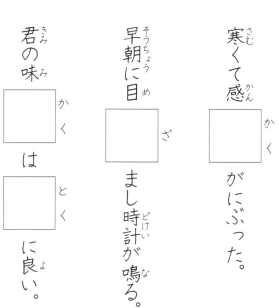

34 商店街《しょうてんがい》の完成《かんせい》を祝《いわ》った。

完 カン
祝 シュク いわう

試合《しあい》の□《かん》勝《しょう》をみんなで□《いわ》う。

ドラマの□《かん》結《けつ》を□《しゅく》福《ふく》する。

野球《やきゅう》の□《かん》全試合《ぜんしあい》の□《しゅく》勝会《しょうかい》。

卒業式《そつぎょうしき》で□《しゅく》辞《じ》を述《の》べる。

□《かん》敗《ぱい》だったが次《つぎ》がある。

商店街《しょうてんがい》の□《かん》成《せい》を□《いわ》った。

月　日

点／10点

35

高《こう》官《かん》は器《き》楽《がく》が得《とく》意《い》。

官 カン
器 キ

消《しょう》化《か》□《き》□《かん》はじょうぶだ。

不《ぶ》□《き》用《よう》な外《がい》交《こう》□《かん》。

教《きょう》□《かん》は□《き》具《ぐ》の使《つか》い方《かた》を教《おし》えた。

消《しょう》火《か》□《き》はよく見《み》える所《ところ》に置《お》く。

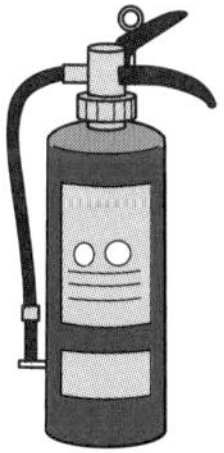

さいばん□《かん》はよく考《かんが》えた。

高《こう》□《かん》は□《き》楽《がく》が得《とく》意《い》。

月　　日

点／10点

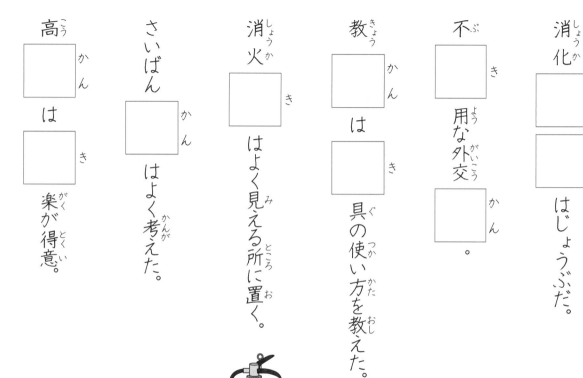

36

念《ねん》願《がん》の試《し》合《あい》に出場《しゅつじょう》。

念 ネン

願 ガン　ねがう

□《ねが》いがかなわず残《ざん》□《ねん》だ。

□《がん》書《しょ》は□《ねん》を入《い》れて見直《みなお》す。

悲《ひ》□《がん》の優勝《ゆうしょう》、記《き》□《ねん》の祝勝会《しゅくしょうかい》。

ごんは□《ねん》仏《ぶつ》が終《お》わるのを待《ま》つ。

親《おや》は子《こ》の幸《しあわ》せを□《ねが》う。

□《ねん》□《がん》の試《し》合《あい》に出場《しゅつじょう》。

月　　日

点／10点

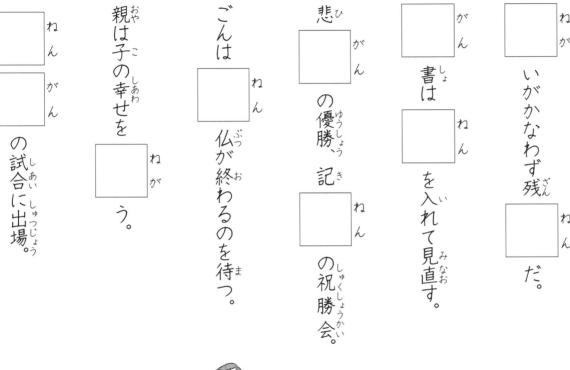

37 冷《つめ》たい季《き》節《せつ》風《ふう》がふく。

季 キ

節 セツ ふし

夏《か》□《き》休業《きゅうぎょう》中《ちゅう》は□《せっ》水《すい》する。

□《せつ》分《ぶん》は冬《とう》□《き》の行事《ぎょうじ》。

雨《う》□《き》は体温調《たいおんちょう》□《せつ》がむずかしい。

節目《ふしめ》□《ふし》目《め》で反省《はんせい》する。

日本《にほん》の四《し》□《き》の美《うつく》しい景色《けしき》。

冷《つめ》たい□《き》□《せつ》風《ふう》がふく。

月　日

点／10点

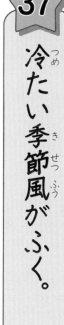

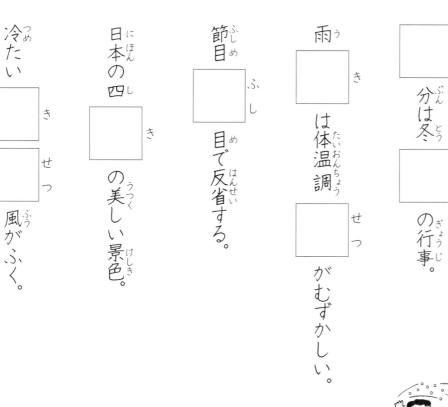

38

戦争《せんそう》の前《まえ》の言《い》い争《あらそ》い。

戦 セン　たたかう

争 ソウ　あらそう

□《せん》□《そう》のない世界《せかい》を願望《がんぼう》する。

競《きょう》□《そう》心《しん》あふれる対《たい》□《せん》。

決勝《けっしょう》□《せん》は作《さく》□《せん》勝《が》ちだ。

□《たたか》いに勝利《しょうり》したチャンピオン。

バーゲンセールで先《さき》を□《あらそ》う。

□《せん》□《そう》の前《まえ》の言《い》い争《あらそ》い。

月　日

点／10点

39 白《しろ》い花《はな》束《たば》をあげよう。

束 ソク たば

必 ヒツ かならず

1. □《そく》帯《たい》を着《き》る□《ひつ》要《よう》がある。
2. □《かなら》ずしも戦《たたか》う□《ひつ》要《よう》はない。
3. 結《けっ》□《そく》力《りょく》が強《つよ》いチームが□《ひっ》死《し》に走《はし》る。
4. 絵《かい》画《が》好《ず》き□《ひっ》見《けん》の画《が》集《しゅう》。
5. □《ひつ》然《ぜん》的《てき》に収《しゅう》□《そく》を待《ま》つことになる。
6. 白《しろ》い花《はな》□《たば》をあげよう。

月　　日

点／10点

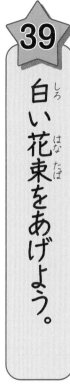

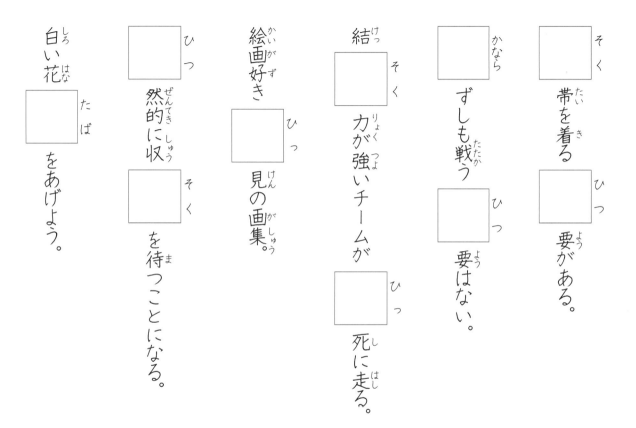

40 今《いま》は八《はち》時《じ》間《かん》労《ろう》働《どう》です。

労 ロウ

働 ドウ はたらく

長《ちょう》時間《じかん》□《ろう》□《どう》で体《からだ》をこわす。

むだな□《ろう》力《りょく》を省《はぶ》いて□《はたら》く。

父《ちち》は昔《むかし》、重労《じゅうろう》□《どう》で苦《く》□《ろう》した。

これからは□《はたら》き手《て》が減少《げんしょう》する。

この小説《しょうせつ》は作家《さっか》の□《ろう》作《さく》。

今《いま》は八《はち》時間《じかん》□《ろう》□《どう》です。

月　　日

点／10点

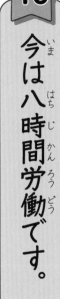

41 度量《どりょう》が広《ひろ》い兄《あに》。

改　カイ　あらためる　あらたまる

量　リョウ　はかる

増《ぞう》□《りょう》品《ひん》を□《かい》良《りょう》する。

適《てき》□《りょう》を□《はか》りかねる。

□《かい》札前《さつまえ》で□《あらた》まってあいさつ。

□《はか》り売《う》りの商品《しょうひん》を□《あらた》める。

古《ふる》い家《いえ》を□《かい》築《ちく》する。

度《ど》□《りょう》が広《ひろ》い兄《あに》。

月　日

点／10点

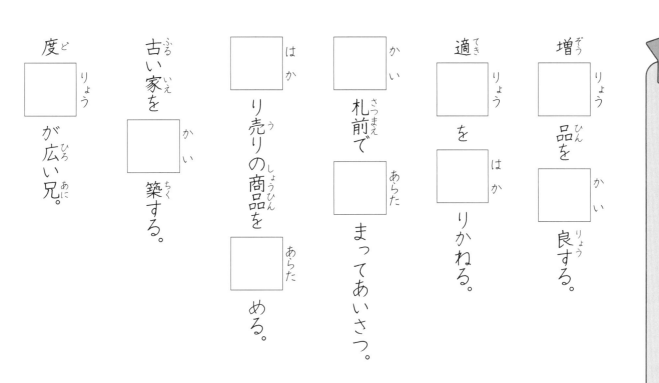

42 国語《こくご》辞《じ》典《てん》をよく使《つか》う。

式《しき》□《てん》の開会《かいかい》の□《じ》を述《の》べる。

祭《さい》□《てん》の式《しき》□《じ》を考《かんが》える。

その言葉《ことば》は□《てん》型的《けいてき》なお世《せ》□《じ》だ。

社長《しゃちょう》に□《じ》表《ひょう》を出《だ》した。

百科事《ひゃっかじ》□《てん》で調《しら》べる。

国語《こくご》□《じ》□《てん》をよく使《つか》う。

辞 ジ

典 テン

月　日

点／10点

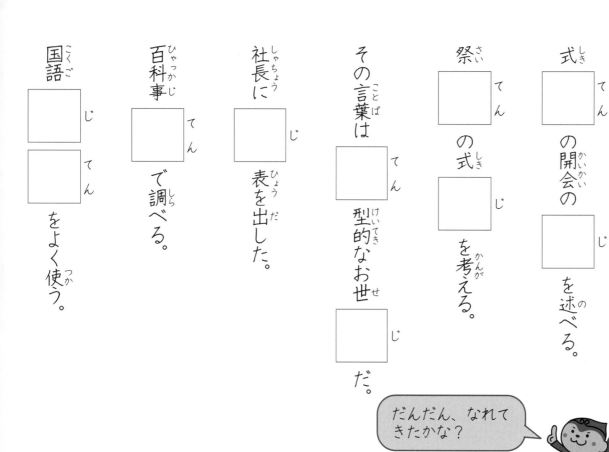

43

大《だい》臣《じん》室《しつ》で会《かい》議《ぎ》を開《ひら》く。

臣 シン ジン
議 ギ

大《だい》□《じん》は国会《こっかい》□《ぎ》事堂《じどう》にいる。

大《だい》□《じん》は□《ぎ》会《かい》に出席《しゅっせき》した。

□《ぎ》員《いん》は総理《そうり》大《だい》□《じん》に質問《しつもん》した。

学級会《がっきゅうかい》の□《ぎ》題《だい》を決《き》める。

将軍《しょうぐん》は重《じゅう》□《しん》を集《あつ》めた。

大《だい》□《じん》室《しつ》で会《かい》□《ぎ》を開《ひら》く。

月　日

点／10点

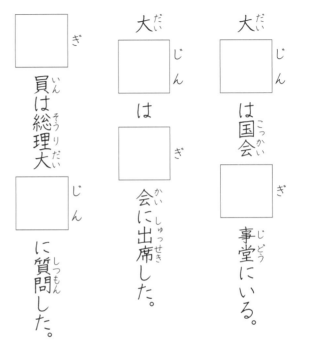

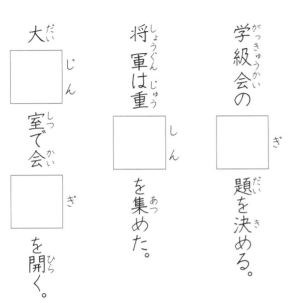

44

アユの塩《しお》焼《や》きの試《し》食《しょく》。

試 シ　こころみる

焼 やく　やける

□《し》合《あい》終了《しゅうりょう》の合図《あいず》。

世話《せわ》□《や》きのお姉《ねえ》さんに□《や》きもち。

□《し》作品《さくひん》のパンを□《や》く。

入学《にゅうがく》□《し》験《けん》を受《う》ける。

□《や》けた炭《すみ》の消火《しょうか》を□《こころ》みる。

アユの塩《しお》□《や》きの□《し》食《しょく》。

月　　日

点／10点

45

大漁旗《たいりょうばた》をあげて帰港《きこう》。

漁 ギョ リョウ

旗 キ はた

□《ぎょ》船《せん》の後《うし》ろに国《こっ》□《き》をかかげる。

大《たい》□《りょう》を祝《いわ》う□《はた》がいっぱい。

□《りょう》開始《かいし》、合図《あいず》の□《はた》とサイレン。

□《ぎょ》業《ぎょう》は日本《にほん》を支《ささ》える産業《さんぎょう》。

校《こう》□《き》を持《も》って行進《こうしん》する。

大《たい》□《りょう》□《ばた》をあげて帰港《きこう》。

月　　日

点／10点

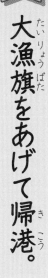

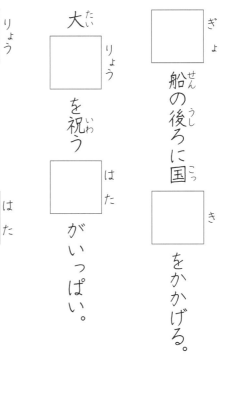

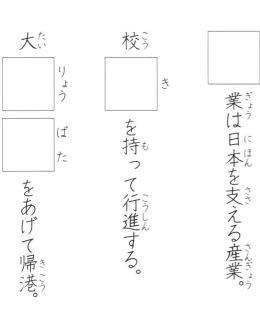

46

敵《てき》の城《しろ》で縄《なわ》をぬける。

城 ジョウ しろ

縄 なわ

大《おお》□《なわ》とびの大会《たいかい》で優勝《ゆうしょう》。

安土《あづち》□《じょう》の□《じょう》下町《かまち》でしめ□《なわ》を売《う》る。

どろぼうを□《なわ》でしばり上《あ》げる。

土器《どき》に□《なわ》目模様《めもよう》をつける。

□《しろ》あとにできた公園《こうえん》で□《なわ》とび。

敵《てき》の□《しろ》で□《なわ》をぬける。

月　日

点／10点

47 笑《わら》い話《ばなし》を聞《き》いて泣《な》く。

笑《わらう》 泣《なく》

喜《き》げきを見《み》て□《な》く人《ひと》、□《わら》う人《ひと》。

うれし□《な》きして、大《おお》□《わら》い。

大声《おおごえ》で□《わら》って、かげで□《な》く。

□《わら》う門《かど》には福来《ふくきた》る。

子《こ》どもに言《い》われて苦《にが》□《わら》い。

□《わら》い話《ばなし》を聞《き》いて□《な》く。

月　日

点／10点

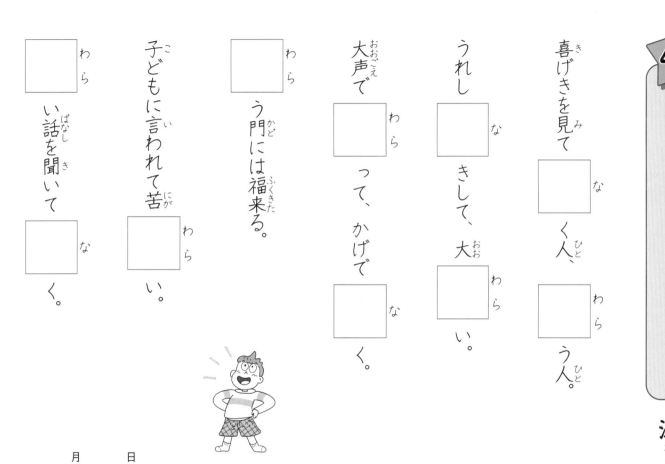

48 夜《よる》まで訓《くん》練《れん》を続《つづ》ける。

訓 クン

続 ゾク　つづく　つづける

1. きびしい□《くん》練《れん》を□《ぞっ》行《こう》する。
2. 電《でん》気《き》を接《せっ》□《ぞく》する□《くん》練《れん》をする。
3. 失《しっ》敗《ぱい》を教《きょう》□《くん》にする。
4. □《くん》読《よ》みの漢《かん》字《じ》の練《れん》習《しゅう》を□《つづ》ける。
5. 連《れん》□《ぞく》ドラマを見《み》る。
6. 夜《よる》まで□《くん》練《れん》を□《つづ》ける。

月　　日

点／10点

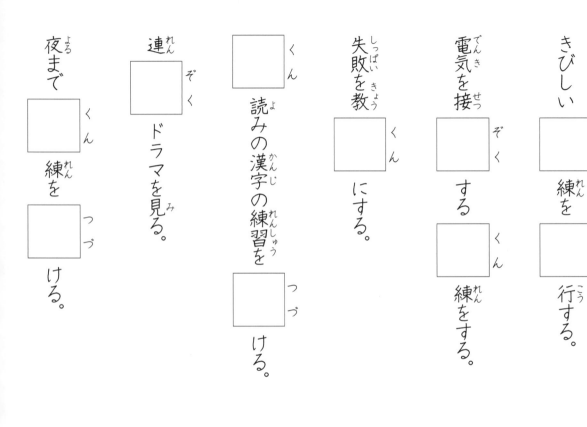

49 約《やく》束《そく》は必《かなら》ず守《まも》る。

約 ヤク
束 ソク たば

□《やく》三十本《さんじっぽん》のバラの花《はな》□《たば》。

□《やく》五十人《ごじゅうにん》が予《よ》□《やく》した。

□《やく》百人《ひゃくにん》を□《たば》ねて連《つ》れていく。

お小《こ》づかいを節《せつ》□《やく》する。

固《かた》く結《けっ》□《そく》した三人組《さんにんぐみ》。

□《やく》□《そく》は必《かなら》ず守《まも》る。

月　日

点／10点

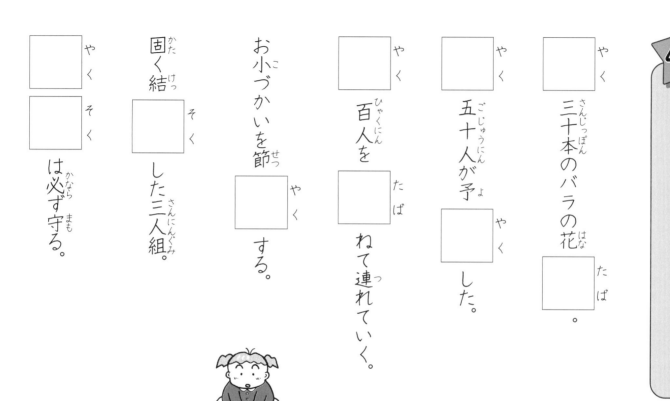

50 積《せっ》極《きょく》的《てき》に共《きょう》同《どう》作《さ》業《ぎょう》。

極 キョク

共 キョウ とも

南《なん》□《きょく》と北《ほっ》□《きょく》の共通点《きょうつうてん》をさがす。

南《なん》□《きょく》大陸《たいりく》で□《とも》に行動《こうどう》する。

タオルは□《きょく》力《りょく》□《きょう》有《ゆう》しないこと。

父母《ふぼ》は□《とも》働《ばたら》きです。

消《しょう》□《きょく》的《てき》だとつまらない。

積《せっ》□《きょく》的《てき》に□《きょう》同《どう》作《さ》業《ぎょう》。

月　日

点／10点

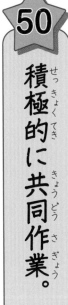

51

両国《りょうこく》協定《きょうてい》の功労者《こうろうしゃ》。

みんなの□《きょう》力《りょく》で成《せい》□《こう》した。

□《こう》名《みょう》のかげに□《きょう》同《どう》あり。

□《きょう》議《ぎ》して□《こう》労者《ろうしゃ》を選《えら》んだ。

漁業《ぎょぎょう》□《きょう》同組合《どうくみあい》の活動《かつどう》。

会社《かいしゃ》で年《ねん》□《こう》を積《つ》む。

両国《りょうこく》□《きょう》定《てい》の□《こう》労者《ろうしゃ》。

協 キョウ

功 コウ

月　日

点／10点

おうちの方へ

「両国協定」など難しい言葉も「両国＝二つの国」、「協定＝力を合わせて決めた約束」と考えると意味がわかりますね。

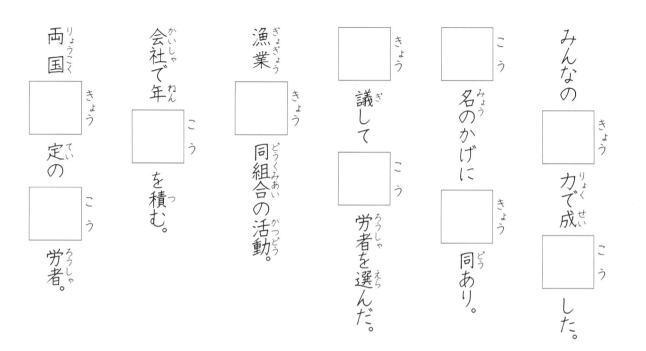

52

イナゴの大群《たいぐん》が畑《はたけ》に群《むら》がる。

鹿 しか　か

群 グン　むれる　むれ　むら

□《しか》の□《む》れをオオカミがおそう。

三重県《みえけん》の鈴《すず》□《か》山脈《さんみゃく》ふもとの□《ぐん》落《らく》。

□《しか》の仲間《なかま》のトナカイは□《む》れで生《い》きる。

□《ぐん》衆《しゅう》は石《いし》を投《な》げつけた。

手《て》作《づく》りの□《か》の子《こ》編《あ》みマフラー。

イナゴの大《たい》□《ぐん》が畑《はたけ》に□《むら》がる。

月　　日

点／10点

53 京都《きょうと》府《ふ》相楽《そうらく》郡《ぐん》の町《まち》。

府 フ
郡 グン

□《ふ》内《ない》は□《ぐん》部《ぶ》が少《すく》なくなった。

□《ぐん》部《ぶ》の□《ふ》立高校《りつこうこう》に行《い》く。

政《せい》□《ふ》は□《ぐん》部《ぶ》の合《がっ》ぺいをすすめた。

□《ふ》知事《ちじ》は議会《ぎかい》であいさつをした。

都道《とどう》□《ふ》県《けん》の名前《なまえ》を覚《おぼ》えよう。

京都《きょうと》□《ふ》相楽《そうらく》□《ぐん》の町《まち》。

月　日

点／10点

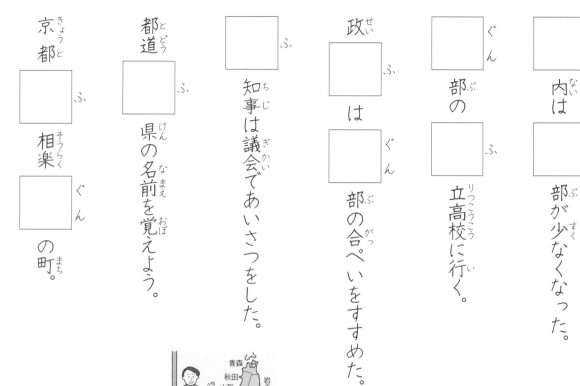

54 競《けい》馬《ば》場《じょう》に徒《と》歩《ほ》で行《い》く。

競　キョウ　ケイ

徒　ト

運動会《うんどうかい》は□《と》□《きょう》走《そう》が楽《たの》しみ。

生《せい》□《と》は□《きょう》歩《ほ》大会《たいかい》に参加《さんか》した。

□《けい》輪《りん》選手《せんしゅ》の努力《どりょく》が□《と》労《ろう》に終《お》わる。

□《きょう》泳用《えいよう》プールは五十《ごじゅう》メートル。

都道府県《とどうふけん》を覚《おぼ》える□《きょう》争《そう》をした。

□《けい》馬場《ばじょう》に□《と》歩《ほ》で行《い》く。

月　日

点／10点

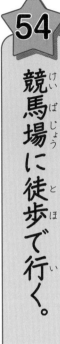

55 話《はなし》を伝《でん》達《たつ》するゲーム。

伝 デン つたわる つたえる
＊手伝《てつだ》う

達 タツ
＊友達《ともだち》

友□《ともだち》に□《でん》言《ごん》する。

配《はい》□《たつ》を手□《てつだ》う。

科学《かがく》を発《はっ》□《たつ》させた人《ひと》の□《でん》記《き》。

自分《じぶん》の思《おも》いをしっかり□《つた》える。

ピアノが上《じょう》□《たつ》した。

話《はなし》を□《でん》□《たつ》するゲーム。

月　　日

点／10点

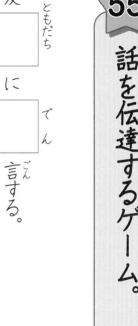

56

北《きた》太《たい》平《へい》洋《よう》沖《おき》にある沖《おき》ノ《の》鳥《とり》島《しま》。

井《い》　**沖**《おき》

□《い》戸《ど》車《ぐるま》を使《つか》って□《い》戸《ど》水《みず》をくむ。

□《おき》合《あい》漁《ぎょ》業《ぎょう》でマグロをつる。

フィリピン□《おき》の船《ふね》で□《い》戸《ど》ばた会《かい》議《ぎ》。

□《い》の中《なか》にいたカエルは□《おき》に出《で》た。

かれ□《い》戸《ど》に水《みず》がわき始《はじ》めた。

北《きた》太《たい》平《へい》洋《よう》□《おき》にある□《おき》ノ《の》鳥《とり》島《しま》。

月　　日

点／10点

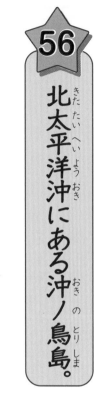

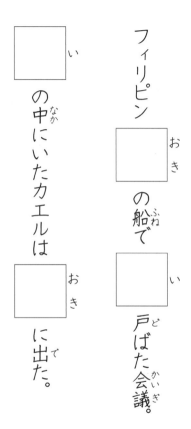

57 参加者《さんかしゃ》に景品《けいひん》を配《くば》る。

参 サン まいる

景 ケイ

＊景色《けしき》

□《けい》勝地《しょうち》の寺《てら》に□《まい》る。

風《ふう》□《けい》画《が》を□《さん》考《こう》に絵《え》をかく。

授業《じゅぎょう》□《さん》観《かん》の風《ふう》□《けい》。

暑《あつ》さに体《からだ》が□《まい》る。

とてもいい□《けしき》色を見《み》た。

□《さん》加者《かしゃ》に□《けい》品《ひん》を配《くば》る。

月　日

点／10点

58

孫《まご》と園《えん》芸《げい》をする祖《そ》父《ふ》。

孫 ソン まご
芸 ゲイ

民《みん》□《げい》品《ひん》を子《し》□《そん》に伝《つた》える。

□《まご》むすめの学《がく》□《げい》会《かい》に行《い》く。

□《まご》の手《しゅ》□《げい》作《さく》品《ひん》を見《み》る祖《そ》母《ぼ》。

工《こう》□《げい》品《ひん》の茶《ちゃ》わんを使《つか》う。

□《まご》子《こ》の代《だい》まで栄《さか》える。

□《まご》と園《えん》□《げい》をする祖《そ》父《ふ》。

月　　日

点／10点

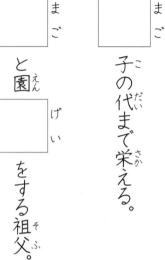

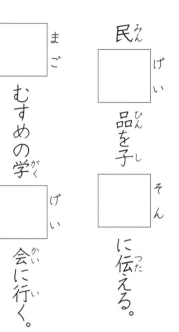

59 欠《けっ》席《せき》者《しゃ》を確《たし》かめる。

欠 ケツ かける
席 セキ

□《せき》順《じゅん》に出《しゅっ》□《けつ》を取《と》る。

客《きゃく》□《せき》は□《けつ》員《いん》が目《め》立《だ》つ。

自《じ》□《せき》で皿《さら》を□《か》いてしまった。

□《けっ》点《てん》を直《なお》したい。

着《ちゃく》□《せき》して教科書《きょうかしょ》を出《だ》す。

□《けっ》□《せき》者《しゃ》を確《たし》かめる。

月　　日

点／10点

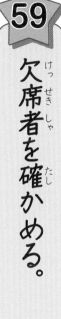

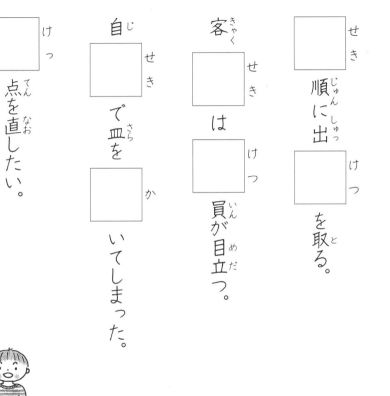

60

努《ど》力《りょく》して結果《けっか》を待《ま》つ。

努 ド つとめる

結 ケツ むすぶ

□《ど》力《りょく》は成果《せいか》に□《むす》び付《つ》く。

□《けっ》局《きょく》は□《ど》力《りょく》家《か》が成功《せいこう》する。

部員《ぶいん》の□《けつ》合《ごう》に□《つと》める。

学力向上《がくりょくこうじょう》に□《つと》める。

くつひもをしっかり□《むす》ぶ。

□《ど》力《りょく》して□《けっ》果《か》を待《ま》つ。

月　日

点／10点

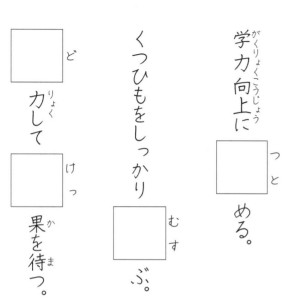

61

海底《かいてい》までもぐる決意《けつい》を固《かた》める。

底 テイ そこ

固 コ かためる かたい

川《かわ》□《ぞこ》をセメントで□《かた》める。

池《いけ》□《ぞこ》に水道管《すいどうかん》を□《こ》定《てい》した。

くつ□《ぞこ》は□《かた》い皮《かわ》。

三角形《さんかくけい》の□《てい》辺《へん》を見《み》つける。

□《こ》形《けい》のスープをとかす。

海《かい》□《てい》までもぐる決意《けつい》を□《かた》める。

月　日

点／10点

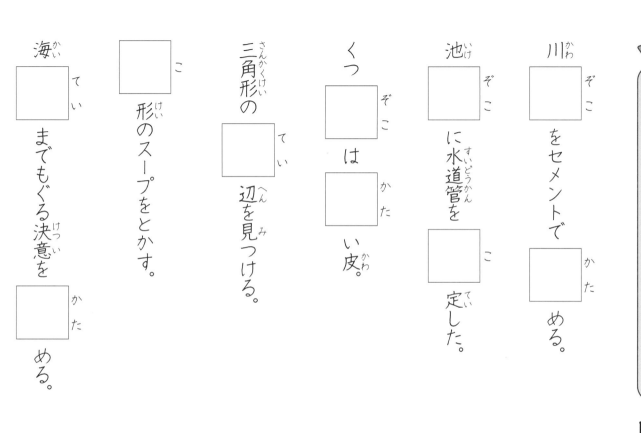

62 熱《ねっ》帯《たい》らしい気《き》候《こう》。

熱　ネツ　あつい

候　コウ

発《はっ》□《ねつ》はかぜの兆《ちょう》□《こう》か。

□《こう》補《ほ》者《しゃ》が□《ねっ》心《しん》な話《はなし》をする。

よい天《てん》□《こう》の中、□《ねっ》戦《せん》が行《おこな》われた。

□《あつ》いおふろに入《はい》る。

時《じ》□《こう》のあいさつ。

□《ねっ》帯《たい》らしい気《き》□《こう》。

月　　日

点／10点

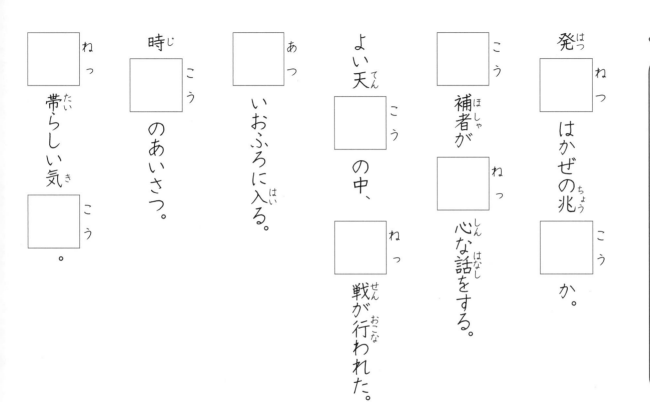

63 お徳《とく》用《よう》のコーヒーが香《かお》る。

香　か　かおり　かおる

徳　トク

人《じん》□《とく》がある父《ちち》は、□《とく》義《ぎ》を重《おも》んじる。

□《かお》りマツタケ味《あじ》シメジ。

毎日《まいにち》、少《すこ》しずつ□《とく》を積《つ》む。

いその□《か》と梅《うめ》の□《かお》りがただよう。

道《どう》□《とく》の授業《じゅぎょう》で人《ひと》の美《び》□《とく》の話《はなし》を読《よ》む。

お□《とく》用《よう》のコーヒーが□《かお》る。

月　　日

点／10点

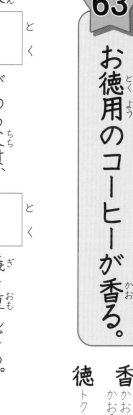

64 梅《うめ》の実《み》を差《さ》し出《だ》した。

梅 バイ うめ

差 サ さす

□《ばい》林《りん》に光《ひかり》が□《さ》す。

□《うめ》酒《しゅ》と日本酒《にほんしゅ》では□《さ》がつく。

あの□《うめ》ぼしを食《た》べたいと指《ゆび》□《さ》す。

大《たい》□《さ》をつけて勝利《しょうり》した。

注意《ちゅうい》して交《こう》□《さ》点《てん》をわたる。

□《うめ》の実《み》を□《さ》し出《だ》した。

月　　日

点／10点

65

最初《さいしょ》にぼくがします。

最
サイ
もっとも

初
ショ
はじめ
はつ

□《はつ》雪《ゆき》がふったのは□《さい》近《きん》だ。

□《もっと》も古《ふる》い寺《てら》に□《はじ》めて行《い》った。

□《しょ》心《しん》者《しゃ》が□《さい》新《しん》の道《どう》具《ぐ》を使《つか》う。

努《ど》力《りょく》して□《さい》高《こう》点《てん》を取《と》った。

□《しょ》級《きゅう》コースの人《ひと》が最《もっと》も多《おお》い。

□《さい》□《しょ》にぼくがします。

月　　日

点／10点

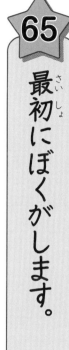

66 建《けん》材《ざい》を残《のこ》さず使《つか》う。

材 ザイ
残 ザン のこる

食《しょく》□《ざい》が少《すこ》し□《のこ》った。

取《しゅ》□《ざい》を断《ことわ》られて□《ざん》念《ねん》。

題《だい》□《ざい》は心《こころ》に□《のこ》ったこと。

先生《せんせい》は教《きょう》□《ざい》を作《つく》る。

向《む》こうの山《やま》に□《ざん》雪《せつ》が見《み》える。

建《けん》□《ざい》を□《のこ》さず使《つか》う。

月　　日

点／10点

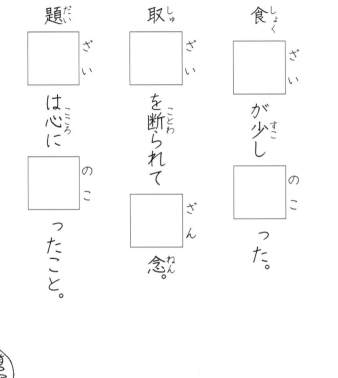

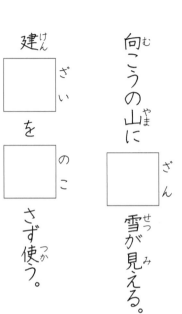

67 昨《さく》年《ねん》巣《す》箱《ばこ》を付《つ》けた。

昨 サク　＊昨日《きのう》

巣 す

□《さく》日《じつ》トキが□《す》立《だ》ちしたそうだ。

一《いっ》□《さく》日《じつ》鳥《とり》の□《す》を見《み》つけた。

□《さっ》今《こん》は、くもの□《す》が少《すく》なくなった。

ツバメが古《ふる》□《す》にもどった。

□日《きのう》給《きゅう》食《しょく》費《ひ》をはらった。

□《さく》年《ねん》□《す》箱《ばこ》を付《つ》けた。

月　　日

点／10点

68

借家《しゃくや》に表札《ひょうさつ》をかけた。

借　シャク　かりる

札　サツ　ふだ

□《しゃっ》金《きん》を千円《せんえん》□《さつ》で返《かえ》す。

□《か》りた本《ほん》を改《かい》□《さつ》口《ぐち》にわすれた。

名《な》□《ふだ》の□《しゃく》用《よう》はだめです。

立入禁止《たちいりきんし》の立《た》て□《ふだ》。

神社《じんじゃ》でお□《ふだ》をいただいた。

□《しゃく》家《や》に表《ひょう》□《さつ》をかけた。

月　日

点／10点

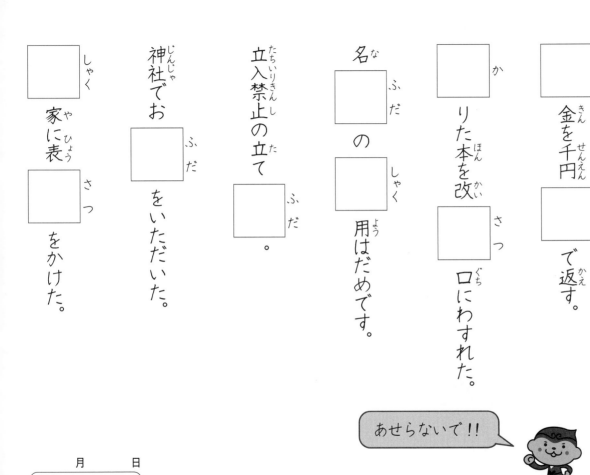

69

博《はく》学《がく》でも未《み》知《ち》はある。

博　ハク　＊博士《はかせ》

未　ミ

□《はく》らん会《かい》の場《ば》所《しょ》は□《み》定《てい》です。

□《み》開《かい》の土《と》地《ち》を研《けん》究《きゅう》する□《はく》士《し》。

文《ぶん》学《がく》□《はく》士《し》のろん文《ぶん》は□《み》発《はっ》表《ぴょう》。

二《に》十《じゅう》年《ねん》後《ご》の□《み》来《らい》を予《よ》想《そう》する。

ぼくは学《がっ》級《きゅう》の漢《かん》字《じ》□《はかせ》士です。

□《はく》学《がく》でも□《み》知《ち》はある。

月　　日

点／10点

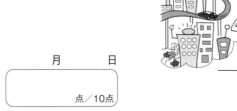

70 辺《あた》り一面《いちめん》梅《うめ》の産《さん》地《ち》。

辺 ヘン　あたり　べ

産 サン　うむ　うまれる

1. 国《こく》□《さん》自動車《じどうしゃ》で海《うみ》□《べ》を走《はし》る。
2. 鳥《とり》が水《みず》□《べ》にたまごを□《う》む。
3. 東京近《とうきょうきん》□《ぺん》の□《さん》業《ぎょう》を調《しら》べる。
4. 二等《にとう》□《へん》三角形《さんかくけい》を正《ただ》しくかく。
5. となりに子犬《こいぬ》が□《う》まれた。
6. □《あた》り一面《いちめん》梅《うめ》の□《さん》地《ち》。

月　　日

点／10点

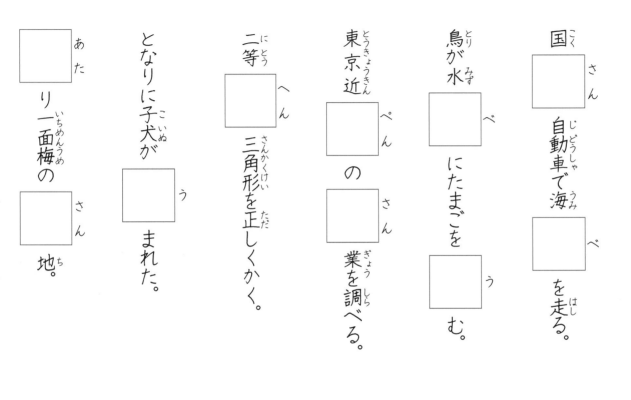

71

花《はな》は自《し》然《ぜん》に散《ち》る。

自《し》□《ぜん》の野《の》山《やま》を□《さん》歩《ぽ》する。

平《へい》□《ぜん》と紙《かみ》くずを□《ち》らかす。

天《てん》□《ねん》水《すい》が飛《と》び□《ち》る。

老人《ろうじん》に親切《しんせつ》にするのは当《とう》□《ぜん》だ。

気《き》が□《ち》って勉強《べんきょう》できない。

花《はな》は自《し》□《ぜん》に□《ち》る。

然 ゼン ネン

散 サン ちる ちらかす

月　日

点／10点

おうちの方へ

p.75「治」は、読みまちがいが多い字です。「自治会《じちかい》」は「じじかい」ではありません。「主治医《しゅじい》＝かかりつけの医者」。

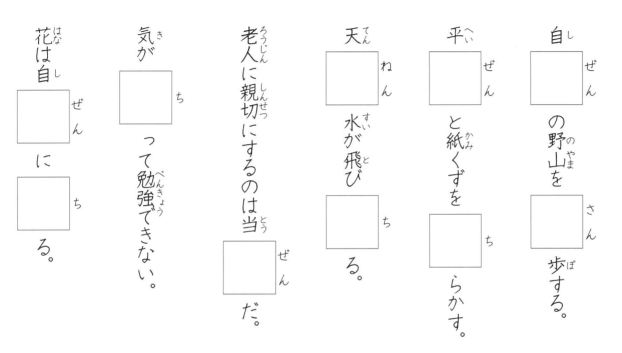

72 兵《へい》士《し》が浅《あさ》い傷《きず》を負《お》う。

兵 ヘイ ヒョウ

浅 あさい

水《すい》□《へい》が□《あさ》い海《うみ》を航海《こうかい》する。

その□《へい》器《き》が作《つく》られて日《ひ》が□《あさ》い。

□《へい》士《し》が□《あさ》い川《かわ》をわたる。

□《あさ》いプールで泳《およ》ぐ。

□《ひょう》庫《ご》県《けん》に住《す》んでいる。

□《へい》士《し》が□《あさ》い傷《きず》を負《お》う。

月　日

点／10点

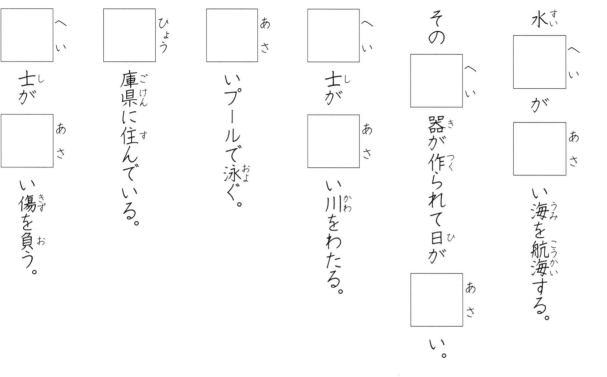

73 司《し》会《かい》者《しゃ》は山《やま》田《だ》氏《し》です。

司《シ》 氏《シ》

□《し》会《かい》は□《し》名《めい》を名《な》乗《の》った。

上《じょう》□《し》の□《し》名《めい》をたずねた。

図《と》書《しょ》館《かん》□《し》書《しょ》は田《た》中《なか》□《し》です。

昔《むかし》は氏《し》族《ぞく》社《しゃ》会《かい》だった。

行《ぎょう》司《じ》は力《りき》士《し》の勝《しょう》敗《はい》を決《き》める。

□《し》会《かい》者《しゃ》は山《やま》田《だ》□《し》です。

月　　日

点／10点

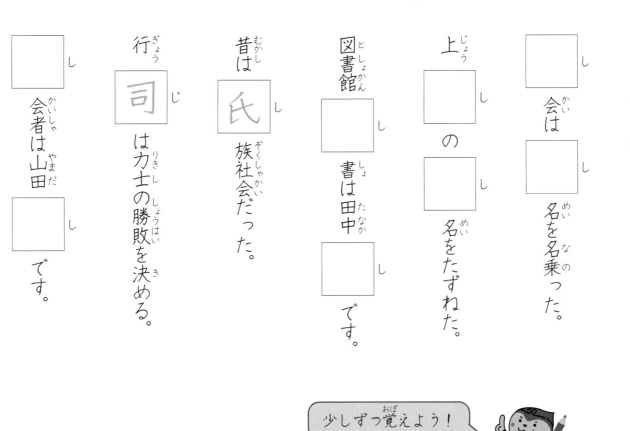

74

児《じ》童《どう》会《かい》で標《ひょう》語《ご》をぼ集《しゅう》。

児　ジ

標　ヒョウ

園《えん》□《じ》は道《どう》路《ろ》□《ひょう》識《しき》を守《まも》る。

□《じ》童《どう》会《かい》で目《もく》□《ひょう》を決《き》める。

目《もく》□《ひょう》を持《も》ち□《じ》童《どう》館《かん》に行《い》く。

理《り》科《か》室《しつ》に植《しょく》物《ぶつ》□《ひょう》本《ほん》がある。

両《りょう》親《しん》とも育《いく》□《じ》熱《ねっ》心《しん》。

□《じ》童《どう》会《かい》で□《ひょう》語《ご》をぼ集《しゅう》。

月　　日

点／10点

75 国民《こくみん》が主人公《しゅじんこう》の政治《せいじ》。

民 ミン

治 ジ チ おさめる おさまる なおる なおす

1. 自《じ》□《ち》会《かい》で住《じゅう》□《みん》の声《こえ》を聞《き》く。

2. □《ち》水工事《すいこうじ》は市《し》□《みん》の願《ねが》い。

3. □《みん》主政《しゅせい》□《じ》の歴史《れきし》は浅《あさ》い。

4. 大統領《だいとうりょう》が国《くに》を□《おさ》める。

5. 病気《びょうき》を□《なお》す名医《めいい》。

6. 国《こく》□《みん》が主人公《しゅじんこう》の政《せい》□《じ》。

月　　日

点／10点

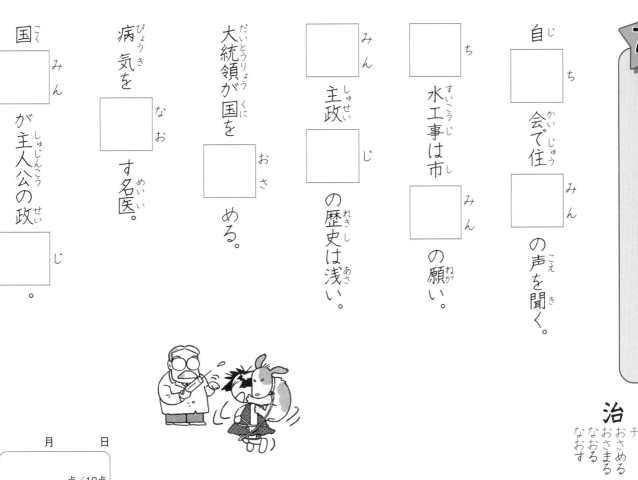

76 失敗《しっぱい》は成功《せいこう》のもと。

失　シツ　うしなう

敗　ハイ　やぶれる

一点《いってん》の□《しっ》点《てん》で決勝《けっしょう》で□《やぶ》れた。

□《はい》戦《せん》でも自信《じしん》は□《うしな》わない。

□《はい》者《しゃ》になっても□《しっ》望《ぼう》するな。

勝《しょう》□《はい》は時《とき》の運《うん》。

大切《たいせつ》な物《もの》を□《うしな》う。

□《しっ》□《ぱい》は成功《せいこう》のもと。

月　　日

点／10点

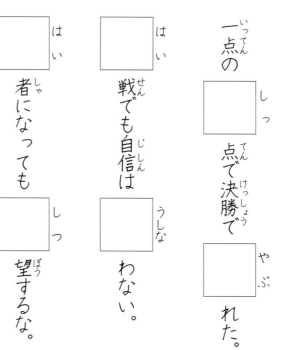

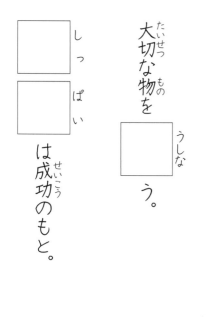

77 順番《じゅんばん》に説明《せつめい》する。

筆《ひっ》□《じゅん》を□《せつ》明《めい》する。

図《ず》を使《つか》って手《て》□《じゅん》を□《と》く。

道《みち》□《じゅん》を図《ず》□《せつ》する。

先生《せんせい》の□《せっ》教《きょう》は短《みじか》い。

試合《しあい》は□《じゅん》調《ちょう》に進《すす》んでいる。

□《じゅん》番《ばん》に□《せつ》明《めい》する。

順 ジュン

説 セツ とく

月　日

点／10点

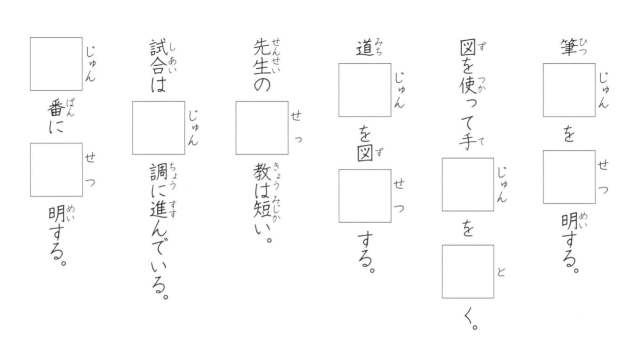

78 年《ねん》末《まつ》に門《かど》松《まつ》を立《た》てる。

末 マツ すえ
松 ショウ まつ

□《まつ》たけを苦労《くろう》の□《すえ》に見《み》つけた。

週《しゅう》□《まつ》のけがで、□《まつ》葉《ば》づえを使《つか》う。

□《すえ》っ子《こ》の行《ゆ》く□《すえ》を心配《しんぱい》する。

□《まつ》ぼっくりを拾《ひろ》う。

□《しょう》竹梅《ちくばい》のおめでたいかざりもの。

年《ねん》□《まつ》に門《かど》□《まつ》を立《た》てる。

月　日

点／10点

79

昼食《ちゅうしょく》は焼《や》き飯《めし》だった。

焼　やく　やける

飯　ハン　めし

夕《ゆう》□《はん》は□《や》き魚《ざかな》。

パンを□《や》くぐらい朝《あさ》□《めし》前《まえ》だ。

夕《ゆう》□《や》けを見《み》ながら□《めし》を食《く》う。

初節句《はつぜっく》に赤《せき》□《はん》をたく。

海水浴《かいすいよく》で日《ひ》に□《や》けた。

昼食《ちゅうしょく》は□《や》き□《めし》だった。

月　　日

点／10点

80 富士山《ふじさん》の頂上《ちょうじょう》で梨《なし》を食《た》べる。

梨　なし

富　フ　とむ　とみ

二十世紀《にじっせいき》□《なし》と洋《よう》□《なし》のちがい。

□《ふ》国強兵《こくきょうへい》は明治政策《めいじせいさく》の一《ひと》つだ。

便《たよ》りを送《おく》ったが、□《なし》のつぶてだった。

祖父《そふ》は□《なし》農家《のうか》で□《とみ》を築《きず》いた。

□《とみ》くじについての知識《ちしき》に□《と》む。

□《ふ》士山《じさん》の頂上《ちょうじょう》で□《なし》を食《た》べる。

月　日

点／10点

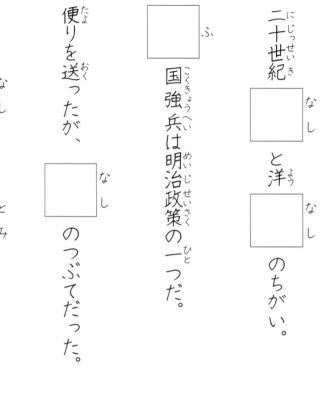

81 要《よう》約《やく》には自《じ》信《しん》がある。

要　ヨウ　かなめ

信　シン

この通《つう》□《しん》の□《よう》点《てん》は何《なん》ですか。

みんなの□《よう》求《きゅう》を発《はっ》□《しん》する。

重《じゅう》□《よう》な通《つう》知《ち》を受《じゅ》□《しん》した。

君《きみ》はこのチームの□《かなめ》だ。

この通《つう》知《ち》は□《しん》用《よう》できる。

□《よう》約《やく》には自《じ》□《しん》がある。

月　　日

点／10点

おうちの方へ

p.83「清」、p.84「静」は「青（セイ）」をふくみ、「セイ」と読みます。他に「晴」２年、「精」５年などがあります。

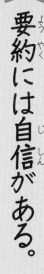

82

帰《き》省《せい》客《きゃく》で満《まん》員《いん》の電《でん》車《しゃ》。

省 セイ ショウ はぶく
満 マン みちる

□《しょう》エネの□《まん》足《ぞく》な結《けっ》果《か》が出《で》た。

テストが□《まん》点《てん》でも反《はん》□《せい》する。

文《もん》部《ぶ》科《か》学《がく》□《しょう》の回《かい》答《とう》は□《まん》足《ぞく》できる。

印《いん》刷《さつ》の手《て》間《ま》を□《はぶ》く。

自《じ》信《しん》に□《み》ちた顔《かお》つき。

帰《き》□《せい》客《きゃく》で□《まん》員《いん》の電《でん》車《しゃ》。

月　日

点／10点

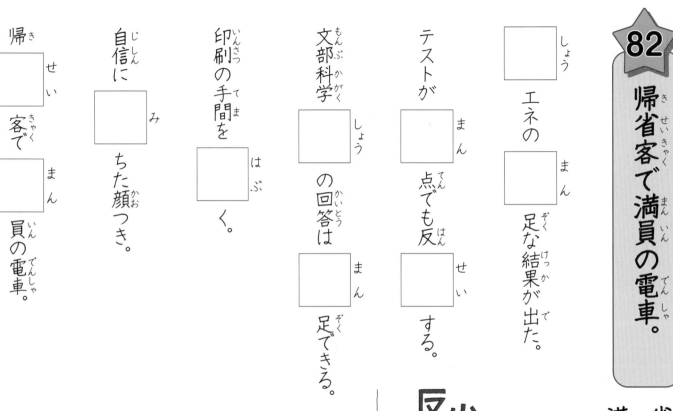

83 清《せい》流《りゅう》の冷《つめ》たい水《みず》。

□《きよ》い水《みず》で心《こころ》を□《きよ》める。

□《れい》ぞう庫《こ》で□《ひ》やす。

□《つめ》たい風《かぜ》で体《からだ》が□《ひ》える。

湯《ゆ》□《ざ》ましで薬《くすり》を飲《の》んだ。

こんこんと□《しみず》水がわく。

□《せい》流《りゅう》の□《つめ》たい水《みず》。

清
セイ
きよい
きよめる
※清水《しみず》

冷
レイ
つめたい
ひえる
ひやす
さめる
さます

月　日

点／10点

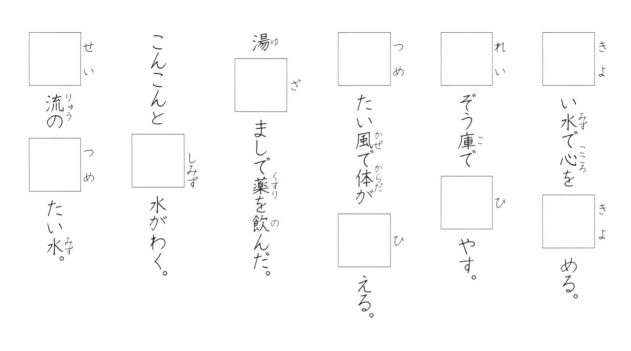

冷《れい》静《せい》で的《まと》をいた発《はっ》言《げん》。

静 セイ　しず　しずか　しずめる

的 テキ　まと

家《か》庭《てい》□《てき》で物《もの》□《しず》かな人《ひと》。

気《き》を□《しず》めて□《まと》をねらう。

入《にゅう》院《いん》の目《もく》□《てき》は安《あん》□《せい》治《ち》りょう。

積極《せっきょく》□《てき》に意《い》見《けん》を述《の》べる。

□《せい》止《し》画《が》像《ぞう》を送《そう》信《しん》した。

冷《れい》□《せい》で□《まと》をいた発《はっ》言《げん》。

月　　日

点／10点

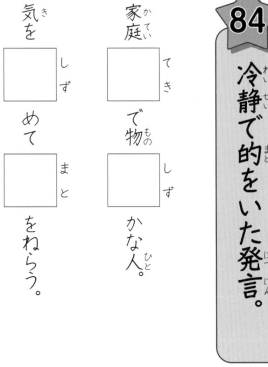

85

右《う》折《せつ》すると右《みぎ》側《がわ》は倉《くら》。

折 セツ　おる　おり　おれる

側 ソク　がわ

□《お》りづめ弁当《べんとう》の□《そく》面《めん》は木《き》。

両《りょう》□《がわ》のほねが□《お》れた。

折《お》り紙《がみ》を内《うち》□《がわ》に□《お》る。

社長《しゃちょう》の□《そっ》近《きん》の人《ひと》。

四季《しき》□《おり》々《おり》の草花《くさばな》を楽《たの》しむ。

右《う》□《せつ》すると右《みぎ》□《がわ》は倉《くら》。

月　　日

点／10点

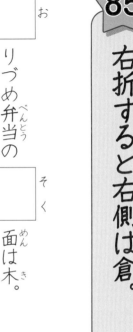

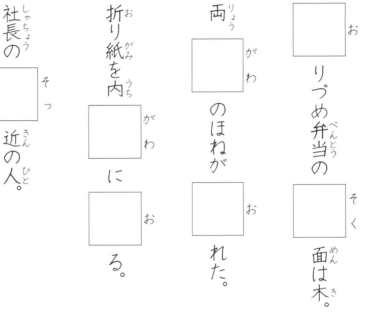

食《しょく》料《りょう》品《ひん》倉《そう》庫《こ》の点《てん》検《けん》。

□《そう》庫《こ》に建《けん》築《ちく》材《ざい》□《りょう》がある。

食《しょく》□《りょう》品《ひん》□《そう》庫《こ》を整《せい》理《り》。

米《こめ》□《ぐら》の使《し》用《よう》□《りょう》金《きん》が上《あ》がる。

船《せん》□《そう》に小《こ》麦《むぎ》を積《つ》んでいる。

資《し》□《りょう》を整《せい》理《り》する。

食《しょく》□《りょう》品《ひん》□《そう》庫《こ》の点《てん》検《けん》。

料 リョウ

倉 ソウ くら

月　　日

点／10点

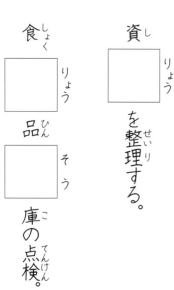

87

卒《そつ》業《ぎょう》式《しき》で変《へん》な声《こえ》。

卒　ソツ

変　ヘン　かわる

□《そつ》業《ぎょう》後《ご》は生活《せいかつ》が□《か》わる。

新《しん》□《そつ》社員《しゃいん》は半年《はんとし》で□《へん》身《しん》した。

□《そつ》とうし、顔色《かおいろ》が□《か》わる。

新《しん》□《そつ》の先生《せんせい》はやさしい。

もうすぐ信号《しんごう》が□《か》わる。

□《そつ》業《ぎょう》式《しき》で□《へん》な声《こえ》。

月　　日

点／10点

88

交通《こうつう》が不便《ふべん》な地方《ちほう》。

不 フ　ブ

便 ベン　ビン　たより

□《ぶ》気味《きみ》な□《たよ》りがとどいた。

□《ふ》注意《ちゅうい》で□《びん》せんをなくした。

航空《こうくう》□《びん》がなくても□《ふ》自由《じゆう》はない。

現代《げんだい》は□《べん》利《り》な生活《せいかつ》ができる。

□《ぶ》器用《きよう》だけど練習《れんしゅう》を積《つ》む。

交通《こうつう》が□《ふ》□《べん》な地方《ちほう》。

月　　日

点／10点

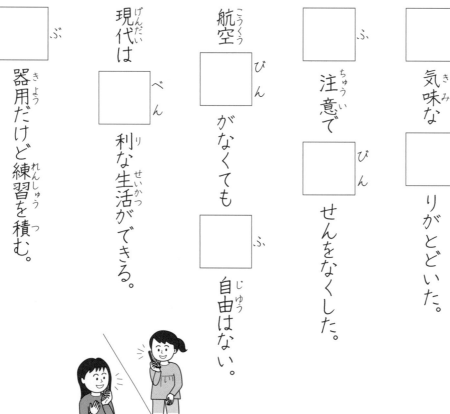

89

置《お》き時計《どけい》が必要《ひつよう》です。

置　チ　おく

必　ヒツ　かならず

□《かなら》ずそこに□《お》きなさい。

物《もの》□《おき》を□《ひっ》死《し》で動《うご》かす。

有力選手《ゆうりょくせんしゅ》の配《はい》□《ち》で□《ひっ》勝《しょう》を期《き》す。

物《もの》を放《ほう》□《ち》してはいけません。

次《つぎ》の試《し》合《あい》は□《かなら》ず勝《か》つ。

□《お》き時計《どけい》が□《ひっ》要《よう》です。

月　日

点／10点

90 仲《なか》良《よ》しの二人《ふたり》で行《い》く。

仲 なか
良 リョウ よい

□《なか》間《ま》の一人《ひとり》が体調《たいちょう》不《ふ》□《りょう》。

□《なか》直《なお》りの後《あと》は気分《きぶん》が□《よ》い。

改《かい》□《りょう》を加《くわ》え□《よ》い品物《しなもの》を作《つく》る。

□《りょう》薬《やく》は口《くち》に苦《にが》し。

両親《りょうしん》は□《なか》がいい。

□《なか》□《よ》しの二人《ふたり》で行《い》く。

月　　日

点／10点

91

夫《ふ》人《じん》の気《き》分《ぶん》は最《さい》低《てい》。

夫 フ おっと

低 テイ ひくい

□《おっと》が□《てい》音《おん》で歌《うた》う。

農《のう》□《ふ》は□《ひく》い山《やま》の上《うえ》まで耕《たがや》した。

漁《ぎょ》□《ふ》は気《き》温《おん》が□《ひく》い海《うみ》で働《はたら》く。

□《おっと》は早《そう》朝《ちょう》に出《で》かけた。

□《ひく》くて太《ふと》い歌《うた》声《ごえ》。

□《ふ》人《じん》の気《き》分《ぶん》は最《さい》□《てい》。

月　日

点／10点

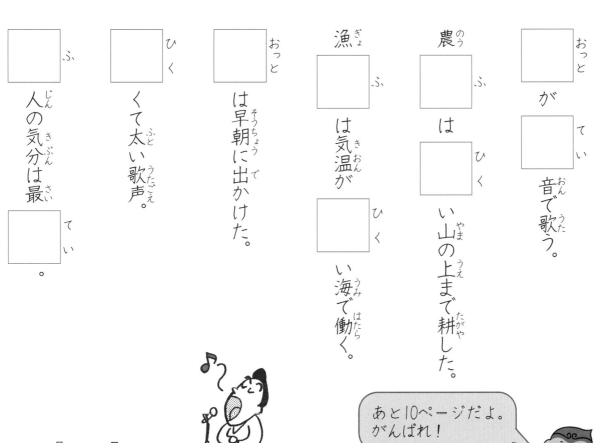

92

駅《えき》付《ふ》近《きん》の投《とう》票《ひょう》所《じょ》。

付 フ　つける　つく

票 ヒョウ

住《じゅう》民《みん》□《ひょう》を交《こう》□《ふ》する。

伝《でん》□《ぴょう》に印《しるし》を□《つ》ける。

投《とう》□《ひょう》箱《ばこ》にきずが□《つ》いた。

本《ほん》の□《ふ》録《ろく》が楽《たの》しみだ。

選挙《せんきょ》で最高得《さいこうとく》□《ひょう》の人《ひと》。

駅《えき》□《ふ》近《きん》の投《とう》□《ひょう》所《じょ》。

月　　日

点／10点

93 文法《ぶんぽう》を学《まな》ぶ副読本《ふくどくほん》。

法 ホウ
副 フク

□《ふく》作用《さよう》のない用《よう》□《ほう》を研究《けんきゅう》。

□《ふく》会長《かいちょう》を選《えら》ぶ方《ほう》□《ほう》を相談《そうだん》。

□《ふく》食《しょく》も食《た》べる作《さ》□《ほう》がある。

□《ふく》議長《ぎちょう》も議長《ぎちょう》を務《つと》める。

新《あたら》しい手《しゅ》□《ほう》を生《う》み出《だ》した。

文《ぶん》□《ぽう》を学《まな》ぶ□《ふく》読本《どくほん》。

月　日

点／10点

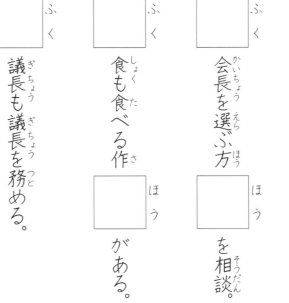

94 大量《たいりょう》の商品《しょうひん》を包《つつ》む。

量 リョウ はかる

包 ホウ つつむ

小《こ》□《づつみ》の重量《じゅうりょう》を□《はか》る。

□《ほう》帯《たい》の数《すう》□《りょう》を数《かぞ》える。

□《つつ》み紙《がみ》に入《い》れ、種子《しゅし》の□《はか》り売《う》り。

きれいな□《ほう》そう紙《し》の箱《はこ》。

毎月体重《まいつきたいじゅう》を□《はか》る。

大《たい》□《りょう》の商品《しょうひん》を□《つつ》む。

月　日

点／10点

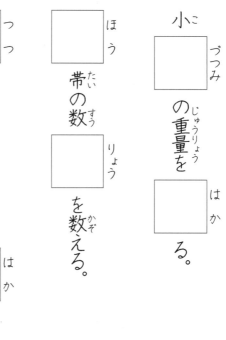

例《れい》題《だい》を記《き》録《ろく》する。

例 レイ たとえる

録 ロク

住所《じゅうしょ》□《ろく》を□《れい》年通《ねんどお》り作《つく》る。

登《とう》□《ろく》する□《れい》を示《しめ》す。

図書目《としょもく》□《ろく》の□《れい》を挙《あ》げる。

見《み》たい番組《ばんぐみ》を□《ろく》画《が》する。

□《たと》えばバラのような香《かお》り。

□《れい》題《だい》を記《き》□《ろく》する。

月　日

点／10点

96

新《しん》大《たい》陸《りく》発《はっ》見《けん》の勇《ゆう》者《しゃ》。

陸 リク

勇 ユウ いさむ

□《りく》地《ち》を目《め》指《ざ》した□《ゆう》かんな人《ひと》。

いよいよ上《じょう》□《りく》かと□《いさ》み立《た》つ。

着《ちゃく》□《りく》するには□《ゆう》気《き》がいる。

□《りく》上《じょう》競《きょう》技《ぎ》場《じょう》で走《はし》る。

それは□《ゆう》気《き》がある行《こう》動《どう》か。

新《しん》大《たい》□《りく》発《はっ》見《けん》の□《ゆう》者《しゃ》。

月　　日

点／10点

97

日光《にっこう》を浴《あ》びる牧羊《ぼくよう》。

浴　ヨク　あびる

牧　ボク

遊《ゆう》□《ぼく》民《みん》が朝日《あさひ》を□《あ》びる。

□《ぼく》場《じょう》の仕事《しごと》の後《あと》で入《にゅう》□《よく》。

□《よく》室《しつ》で水《みず》を□《あ》びる。

放《ほう》□《ぼく》の馬《うま》が水《みず》を飲《の》む。

夏休《なつやす》み、海水《かいすい》□《よく》が楽《たの》しみだ。

日光《にっこう》を□《あ》びる□《ぼく》羊《よう》。

月　　日

点／10点

98 勝利《しょうり》の伝令《でんれい》が来《き》た。

利　リ
令　レイ

□《り》子《し》を上《あ》げる指《し》□《れい》が下《お》りた。

害《がい》を無視《むし》せよと命《めい》□《れい》。

先生《せんせい》の号《ごう》□《れい》は便《べん》□《り》だ。

数々《かずかず》の□《り》点《てん》がある。

□《り》己的《こてき》だと友《とも》が増《ふ》えない。

勝《しょう》□《り》の伝《でん》□《れい》が来《き》た。

月　　日

点／10点

四《よ》年《ねん》生《せい》で習《なら》う都《と》道《どう》府《ふ》県《けん》の漢《かん》字《じ》①

「ぎ」の宮《みや》□《ぎ》県《けん》と「き」の□《いばら》□《き》県《けん》。

□《とち》木《ぎ》県《けん》と□《さい》玉《たま》県《けん》を通《とお》る新《しん》幹《かん》線《せん》。

神《か》□《な》川《がわ》県《けん》の海《うみ》と□《な》良《ら》県《けん》の山《やま》。

羽《は》ばたく鳥《とり》の形《かたち》をしている□《ぐん》馬《ま》県《けん》。

日《に》本《ほん》一《いち》の山《やま》があるのに山《やま》□《なし》県《けん》。

□《か》川《がわ》県《けん》は降《こう》雨《う》量《りょう》が少《すく》ない。

茨 いばら

香 か　かおり　かおる

群 グン　むれる　むれ　むら

埼 さい

城 ジョウ　しろ

栃 とち

奈 ナ

梨 なし

月　　日

点／10点

100

四年生《よねんせい》で習《なら》う都道府県《とどうふけん》の漢字《かんじ》②

お茶《ちゃ》の静《しず》□《おか》県《けん》と、ももの□《おか》山県《やまけん》。

おいしい米《こめ》どころの新《にい》□《がた》県《けん》。

□《あい》知《ち》県《けん》は車《くるま》、□《え》□《ひめ》県《けん》はみかん。

□《と》山県《やまけん》に行《い》って黒部《くろべ》ダムを見《み》た。

福《ふく》□《い》県《けん》のおじいちゃんがカニをくれた。

関《せき》ケ《が》原《はら》の戦《たたか》いがあった□《ぎ》□《ふ》県《けん》。

愛	井	岡	潟	岐	媛	富	阜
アイ	い	おか	かた	ギフ *岐阜	えひめ *愛媛	フ とむ とみ	フ

月　日

点／10点

四年生《よねんせい》で習《なら》う都道府県《とどうふけん》の漢字《かんじ》③

沖 おき
賀 ガ
熊 くま
佐 サ
阪 ＊大阪《おおさか》
崎 さき
滋 ＊滋賀《シガ》
鹿 しか か
縄 なわ

□《おき》□《なわ》県《けん》のきれいな海《うみ》を泳《およ》ぐ。

大《おお》□《さか》府民《ふみん》はたこ焼《や》きが好《す》き。

カステラの長《なが》□《さき》県《けん》とマンゴーの宮《みや》□《ざき》県《けん》。

クマの□《くま》本《もと》県《けん》、シカの□《か》児島県《ごしまけん》。

湖《みずうみ》の□《し》□《が》県《けん》と干潟《ひがた》の□《さ》賀《が》県《けん》。

月　　日

点／10点

4年生で習う漢字　202字

※は特別な読み、（　）は中学で、（（　））は高校で習います。

ア

- 愛　アイ
- 案　アン
- 以　イ
- 衣　イ
- 位　イ　くらい
- 茨　※いばら
- 印　イン　しるし
- 英　エイ
- 栄　エイ　さか-える
- 塩　エン　しお
- 媛　（エン）
- 岡　※おか

ア

- 億　オク

カ

- 加　カ　くわ-える
- 果　カ　は-たす　は-て
- 貨　カ
- 課　カ
- 芽　ガ　め
- 賀　ガ
- 改　カイ　あらた-める　あらた-まる
- 械　カイ
- 害　ガイ
- 街　ガイ　まち

カ

各　カク
覚　カク　おぼ-える　さ-ます
潟　かた
完　カン
官　カン
管　カン　くだ
関　カン　せき　かか-わる
観　カン
願　ガン　ねが-う
希　キ
岐　(キ)
季　キ
旗　キ　はた

カ

器　キ
機　キ
議　ギ
求　キュウ　もと-める
泣　(キュウ)　な-く
給　キュウ
挙　キョ　あ-げる　あ-がる
漁　ギョ　リョウ
共　キョウ　とも
協　キョウ
鏡　キョウ　かがみ
競　キョウ　ケイ
極　キョク

カ

熊	くま
訓	クン
軍	グン
郡	グン
群	グン / む-れる / む-れ / ※むら
径	ケイ
景	ケイ
芸	ゲイ
欠	ケツ / か-ける
結	ケツ / むす-ぶ
建	ケン / た-てる
健	ケン
験	ケン

カ

固	コ / かた-める / かた-い
功	コウ
好	コウ / この-む / す-く
香	(コウ) / (※キョウ) / か / かお-り / かお-る
候	コウ
康	コウ

サ

佐	サ
差	サ / さ-す
菜	サイ / な
最	サイ / もっと-も
埼	※さい
材	ザイ

サ

崎 さき

昨 サク

札 サツ ふだ

刷 サツ す-る

察 サツ

参 サン まい-る

産 サン う-む う-まれる

散 サン ち-る ち-らかす

残 ザン のこ-る

氏 シ

司 シ

試 シ こころ-みる

サ

児 ジ

治 ジ チ おさ-める おさ-まる なお-る なお-す

滋 (ジ)

辞 ジ

鹿 しか ※か

失 シツ うしな-う

借 シャク か-りる

種 シュ たね

周 シュウ まわ-り

祝 シュク いわ-う

順 ジュン

サ

初	ショ / はじ-め / はつ
松	ショウ / まつ
笑	(ショウ) / わら-う
唱	ショウ / とな-える
焼	(ショウ) / や-く / や-ける
照	ショウ / て-る / て-らす / て-れる
城	ジョウ / しろ
縄	(ジョウ) / なわ
臣	シン / ジン
信	シン

サ

井	((セイ)) / (※ショウ) / い
成	セイ / な-る
省	セイ / ショウ / はぶ-く
清	セイ / きよ-い / きよ-める
静	セイ / しず / しず-か / しず-める
席	セキ
積	セキ / つ-む
折	セツ / お-る / おり / お-れる
節	セツ / ふし
説	セツ / と-く

サ

浅	(セン) あさ-い
戦	セン たたか-う
選	セン えら-ぶ
然	ゼン ネン
争	ソウ あらそ-う
倉	ソウ くら
巣	(ソウ) す
束	ソク たば
側	ソク がわ
続	ゾク つづ-く つづ-ける
卒	ソツ
孫	ソン まご

タ

帯	タイ お-びる おび
隊	タイ
達	タツ
単	タン
置	チ お-く
仲	(チュウ) なか
沖	(チュウ) おき
兆	チョウ
低	テイ ひく-い
底	テイ そこ
的	テキ まと

タ

典	テン
伝	デン つた-わる つた-える
徒	ト
努	ド つと-める
灯	トウ
働	ドウ はたら-く
特	トク
徳	トク
栃	※とち

ナ

奈	ナ
梨	なし
熱	ネツ あつ-い
念	ネン

ハ

敗	ハイ やぶ-れる
梅	バイ うめ
博	ハク
阪	(ハン)
飯	ハン めし
飛	ヒ と-ぶ
必	ヒツ かなら-ず
票	ヒョウ
標	ヒョウ
不	フ ブ
夫	フ おっと
付	フ つ-ける つ-く

ハ

- 府　フ
- 阜　※フ
- 富　フ　(※フウ)　と-む　とみ
- 副　フク
- 兵　ヘイ　ヒョウ
- 別　ベツ　わか-れる
- 辺　ヘン　あた-り　べ
- 変　ヘン　か-わる
- 便　ベン　ビン　たよ-り
- 包　ホウ　つつ-む
- 法　ホウ

ハ

- 望　ボウ　のぞ-む
- 牧　ボク

マ

- 末　マツ　すえ
- 満　マン　み-ちる
- 未　ミ
- 民　ミン
- 無　ム　ブ　な-い

ヤ

- 約　ヤク
- 勇　ユウ　いさ-む
- 要　ヨウ　かなめ
- 養　ヨウ　やしな-う
- 浴　ヨク　あ-びる

ラ

利	リ
陸	リク
良	リョウ よ-い
料	リョウ
量	リョウ はか-る
輪	リン わ
類	ルイ たぐ-い
令	レイ
冷	レイ つめ-たい ひ-える ひ-やす さ-める さ-ます
例	レイ たと-える
連	レン つら-なる つ-れる

ラ

老	ロウ お-いる
労	ロウ
録	ロク

特別な読み方

愛媛	えひめ
大阪	おおさか
岐阜	ぎふ
昨日	きのう
果物	くだもの
景色	けしき
滋賀	しが
清水	しみず
手伝う	てつだう
友達	ともだち
博士	はかせ

学習の記《き》録《ろく》

	学習した漢字	点数
1	径・周	
2	機・械	
3	選・挙	
4	観・察	
5	関・連	
6	希・望	
7	栄・養	
8	菜・種	
9	験・試	
10	印・刷	
11	健・康	
12	熱・帯	
13	軍・隊	
14	類・別	
15	飛・輪	
16	挙・治	
17	積・求	
18	愛・鏡	
19	老・案	
20	以・加	
21	給・衣	
22	単・位	
23	英・好	
24	管・塩	
25	成・果	

	学習した漢字	点数
26	芽・照	
27	億・兆	
28	貨・改	
29	課・唱	
30	無・害	
31	街・灯	
32	各・建	
33	覚・特	
34	完・祝	
35	官・器	
36	念・願	
37	季・節	
38	戦・争	
39	束・必	
40	労・働	
41	改・量	
42	辞・典	
43	臣・議	
44	試・焼	
45	漁・旗	
46	城・縄	
47	笑・泣	
48	訓・続	
49	約・束	
50	極・共	

	51	52	53	54	55	56	57	58	59	60	61	62	63	64	65	66	67	68	69	70	71	72	73	74	75	76	77
学習した漢字	協・功	鹿・群	府・郡	競・徒	伝・達	井・沖	参・景	孫・芸	欠・席	努・結	底・固	熱・候	香・徳	梅・差	最・初	材・残	昨・巣	借・札	博・未	辺・産	然・散	兵・浅	司・氏	児・標	民・治	失・敗	順・説
点数																											

	78	79	80	81	82	83	84	85	86	87	88	89	90	91	92	93	94	95	96	97	98	99		100		101	
学習した漢字	末・松	焼・飯	梨・富	要・信	省・満	清・冷	静・的	折・側	料・倉	卒・変	不・便	置・必	仲・良	夫・低	付・票	法・副	量・包	例・録	陸・勇	浴・牧	利・令	茨・香・群・埼	城・栃・奈・梨	愛・井・岡・潟	岐・媛・富・阜	沖・賀・熊・佐	阪・崎・滋・鹿・縄
点数																											

5分間でやる気脳に

このドリルは、一ページに二文字ずつ漢字をのせています。短時間でできますので、毎日やらせてください。使用している言葉のほとんどは教科書にも出ているものです。このドリルが終わるころには、その学年の漢字や言葉の力がついているでしょう。

子どもが一ページ終わったら、やさしくほめてください。脳からドーパミン（脳のホルモン）が出て、「やる気が育つ」ことが科学的に確認されています。

「指を動かしてドリルをする」→「ほめる」→「ドーパミンが出る」→「やる気が育つ」→「指を動かしてドリルをする」の循環で子どもの脳はきたえられ、かしこくなっていきます。

そうなるように工夫して、このドリルをつくりました。

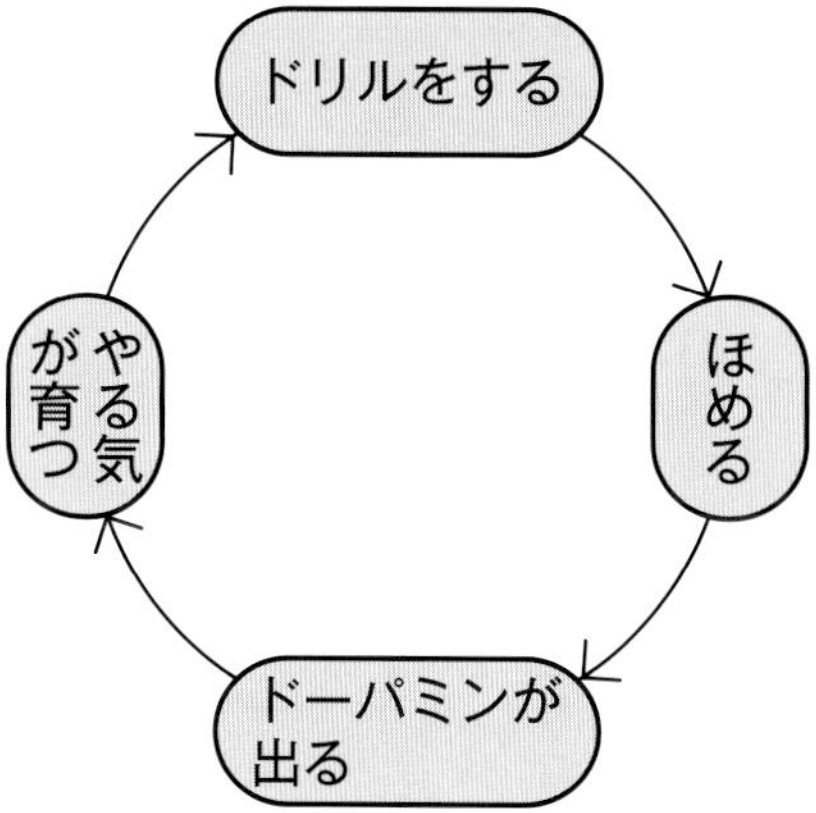

5分間漢字ドリル　小学4年生

2012年9月10日　初版発行
2021年7月10日　改訂版　第1刷発行
2024年9月20日　　　　　第3刷発行

著　者　桝《ます》　谷《や》　雄《ゆう》　三《ぞう》

発行者　面　屋　洋

企　画　フォーラム・A

発行所　清風堂書店

〒530-0057　大阪市北区曽根崎2-11-16
電話 (06)6316-1460
FAX (06)6365-5607

制作編集担当・樫内真名生

表紙デザイン・ウエナカデザイン事務所
印刷・(株)関西共同印刷所／製本・(株)高廣製本

ISBN978-4-86709-168-5
C6081 ¥520E

定価　572円
(本体520円＋税10%)

ねん　　くみ

なまえ

5分間全科ドリルの特色

・1日《にち》5分《ふん》、集中《しゅうちゅう》しよう

短《みじか》い時間《じかん》でできるので、勉強《べんきょう》することがいやになりません。

・毎日《まいにち》つづけよう

1日《にち》1ページ勉強《べんきょう》することで、家庭学習《かていがくしゅう》の習慣《しゅうかん》が身《み》につきます。

・にがてな教科《きょうか》をこくふくしよう

各教科《かくきょうか》、基礎的《きそてき》な内容《ないよう》を中心《ちゅうしん》に、要点《ようてん》をおさえてまとめています。本書《ほんしょ》のやさしい問題《もんだい》を解《と》くことで、自分《じぶん》のにがてなところを知《し》り、にがてをこくふくすることができます。

使い方

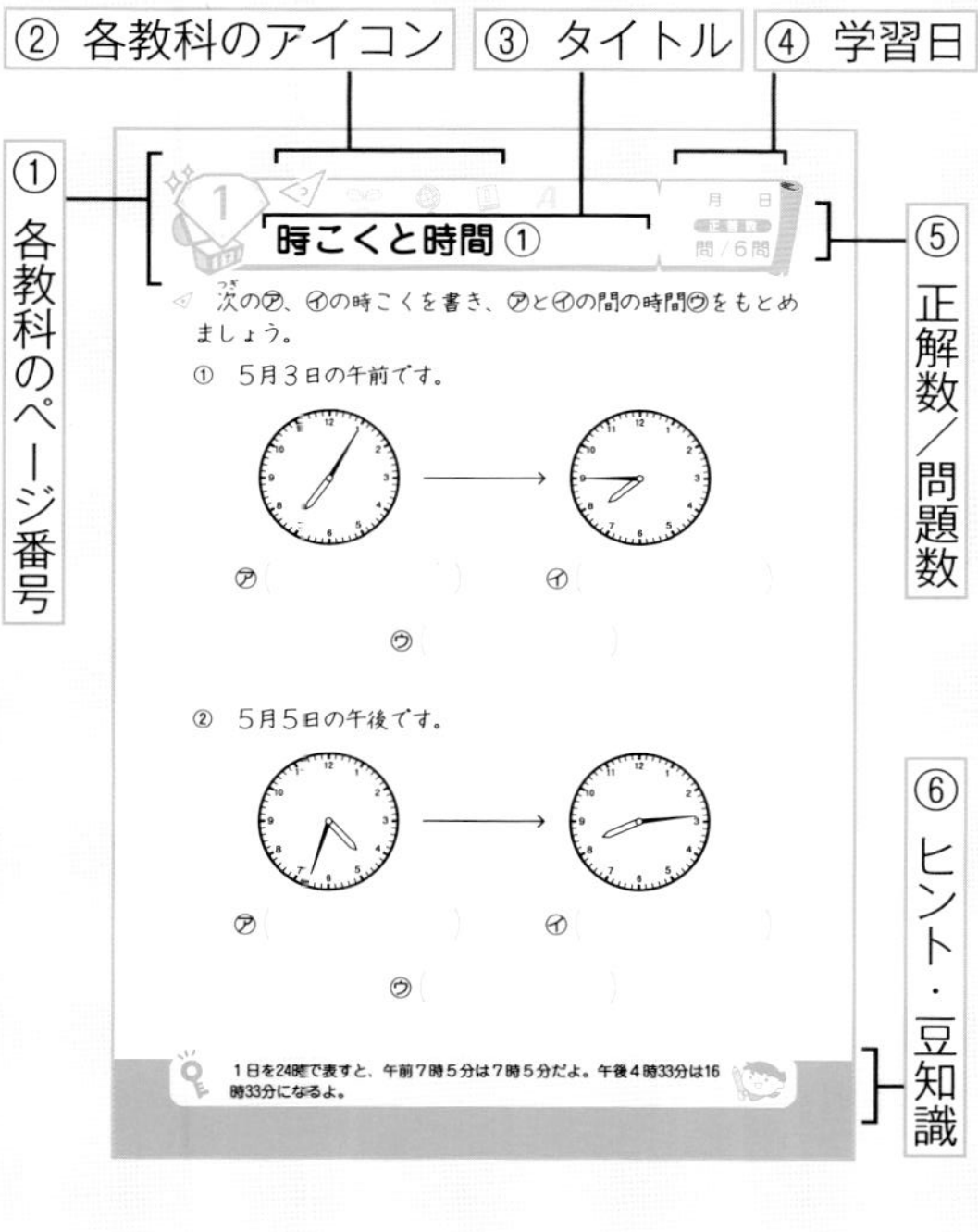

① 各教科《かくきょうか》ごとのページ番号《ばんごう》です。

② 5種類《しゅるい》のアイコンが各教科《かくきょうか》を表《あらわ》しています。

=算数《さんすう》　=理科《りか》

=社会《しゃかい》　=国語《こくご》

A=英語《えいご》

③ 勉強《べんきょう》する内容《ないよう》を表《あらわ》しています。

④ 勉強《べんきょう》した日付《ひづけ》を書《か》きます。（答《こた》え合《あ》わせをした後《あと》、巻末《かんまつ》の達成《たっせい》表《ひょう》に同《おな》じ日付《ひづけ》を書《か》きます）

⑤ 右側《みぎがわ》の数字《すうじ》が、このページの問題《もんだい》数《すう》です。（正解《せいかい》した問題数《もんだいすう》を左側《ひだりがわ》の空欄《くうらん》に書《か》きます。基本的《きほんてき》に記号《きごう》のついた問《もん》題《だい》を1問《もん》とし、完答問題《かんとうもんだい》は1問《もん》として数《かぞ》えています）

⑥ ヒントや豆知識《まめちしき》を書《か》いています。

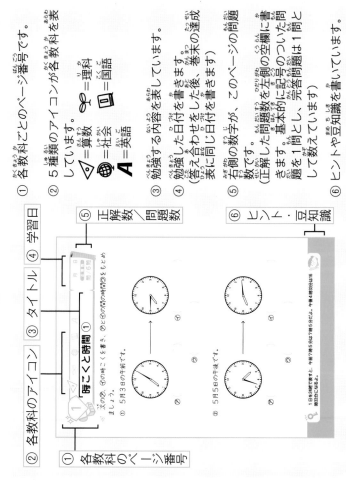

陰山英男 推薦

小学3年生

5分間 全科ドリル

算 国 理 社 英

1枚ずつ切りとれる

三木俊一著

ほめる

たった5分で学力アップ！

やる気

にがてな教科をこくふく！

清風堂書店